楚寒·著

火焰
——楚寒人文、思想隨筆集
不死

少年心事當拏雲

——序楚寒人文、思想隨筆集《火焰不死》

程寶林

　　我與楚寒並不相熟，甚至，我尚不知道，也無意打聽他的真名實姓。我只知道他生於江蘇、學於閩、滇，現居美國北加州，距我的居所約一小時車程。不久前，曾邀他到寒舍一晤，見面時才發現，原來是一個書卷氣十足的青年，言談舉止中，甚至帶有幾分儒雅。在我看來，只有一個具有詩人情懷，意志堅定、心無旁篤的人，才會在一舉手一投足間，將自己的內心世界不經意地展現出來。當時我就想，這究竟是個怎樣的人呢？及至讀完了《火焰不死》的書稿，我想，我找到了答案。

一、自由之光的燭照

　　我從閱讀中得知，作者在獲得碩士學位前，曾從事過法律工作。在那樣一個「司法獨立」幾乎等同於夢話、「司法公正」不過是官家說辭的社會環境裏（那裏的新聞發言人，常常大言不慚地宣稱：我們是法治國家！），初出茅廬，帶有強烈的融入社會、進而改造社會的理想主義色彩的楚寒，在晦暗的、有時甚至是荒誕的現實面前，第一次感受到了魯迅先生筆下「鐵屋」的無情與無望。於是，他將眺望自由曙光的眼睛，轉向了台灣。在那一小片由一小部份華人（相對於中國大陸龐大的人口而言）管理和生活的土地上，

雖然也曾經歷過困苦和嚴厲，但畢竟沒有遭逢一場接著一場的煉獄之火。自由的火焰從來不曾熄滅過，而如今，更是自由地燃燒著。而這種足以令全球華人驕傲的成果，焉能說與殷海光這位「衝向風車作戰的華人思想界的堂吉軻德」毫無關係？請看作者在《殷海光與五四》中對殷海光所作的個人評價吧：

> 在五四之後數十年內憂外患的時局下，五四精神在中國大地上早已殘缺不全。在兩岸進入對峙狀態後，當許多早期的五四人物或向左轉或向右轉而不再散放昔日光芒，留在大陸的被政治力量的旋風吹倒，去往台灣的因戡亂戒嚴的氣氛萎縮。此時，惟有殷海光在寂寞與橫逆之中，幾乎以一人之力對五四精神做悲劇性的重建，以一人之力使五四時代在中華民族的歷史上不至於中斷，而能夠延續了幾十年之久。

這不就是魯迅先生詩中「荷戟獨仿徨」的鬥士形象麼？我尤其喜歡他在這段論述中，用了少見的「橫逆」一詞，令人讀來有乍然驚見之感。在我看來，個人的生存不順，此乃「逆」也，而政權的權力不公，此即「橫」也。生計既難，壓迫又重，中國知識分子中，鮮有不對統治者低眉順眼，為五斗米折腰的。而在台灣，猶有殷海光，像一盞照耀自由航道的燈塔，指引著中華民族的後輩讀書人，面對自由之路上的荊榛，不憚前行。

如果說，殷海光的畢生追求，是為了全民族「求悟」，那麼，另一個身世遭際更為跌宕起伏的文化人陸鏗的一生事功，就在於為民族「求真」。這位民國時期的著名記者，一生多舛，坐國民黨的牢、共產黨的牢，凡二十餘年。及至垂老，仍無怨無悔，為中國社會的言論自由，尤其是新聞自由，奔走呼號。這不又是一個獨戰風車的堂吉軻德嗎？說他是奮力推巨石上山，愈挫愈奮的西西弗斯，

也完全恰當。在追述陸鏗生平事跡的長文《跌宕一生域外燒》的結尾部份，楚寒用下面的話表達了對自由的向往，和對這位自由戰士的敬意：

> 歷史已經證實並將繼續展示，自由從來離中國就不那麼接近，但自由絕非看不到希望。自由已經不會太遙遠。在這樣的宿命中煎熬忍耐，也許需要的正是陸鏗先生那樣的樂觀，需要的也正是陸鏗先生那樣的堅韌。

多年前，筆者曾有幸與陸鏗先生同席就餐，在他聲如洪鐘（他的筆名正是「大聲」）的笑談中，目睹了一位傑出新聞人的傲骨與風範。在閱讀楚寒的這篇文章時，已故的陸鏗先生偉岸的身影，又在我這個曾經的新聞界後輩的記憶裏復活。我相信，幾代中國新聞人所呼籲的、為之奮鬥的新聞自由，會作為言論自由的組成部份，成為所有媒體應享的權利。那時候，陸鏗先生就可以含笑九泉了。

在追尋自由的精神之旅中，楚寒的目光並不局限於當代的大陸與台灣。他更將探究與關注的目光，投向了域外，投向了德國狂飆突進運動中的歌德，投向了點燃美國獨立戰爭火焰的托馬斯·潘恩，更投向了從西伯利亞集中營死裏逃生、被放逐的俄羅斯作家索忍尼辛。在後兩篇文章的標題中，楚寒更是將「自由」二字，分別列入了文章的標題，將文章的主題，昭示得一目了然：《歌詠自由的異鄉人》（托馬斯·潘恩）、《自由思想紀念碑》（索忍尼辛）。

在評述自由思想家潘恩的文字中，楚寒的筆調是舒緩而沈靜的。大學時代的楚寒，如饑似渴地讀完了潘恩最具影響的著作《常識》。他用感性的語言寫到：「高考結束的那個晚上，因著捧讀《常識》、《人權論》和《理性時代》，同時默想著『遵行真理』的上帝律法，而成為一個心潮澎拜的夜晚，銘記於我的整個生命。」一個

剛剛結束了一場殘酷的命運搏殺（如今的中國高考，仍然是命運所係的戰場）的青年，懷著一顆懵懂的，渴望自由的心，初次接觸到人類思想的高峰之作，其觸動、引發的靈魂的顫慄，是那樣地歷久彌新，以至於他牢牢地記住了那個青年與哲人初次相遇的神奇夏夜。由此，楚寒以一介書生的情懷，開始了他自己的自由之旅，並將這場不無艱辛的跋涉中的所思所悟、點點滴滴，一一記錄下來，以這本書的形式，呈現給讀者。

在這篇文章的後半部份，楚寒用下面的一段文字，對於「自由」，發出了詩人般的呼喚：

> 人類的坦途是自由。人生的目的是自由。人性的基礎是自由。世間萬物一切存在者都處於無庇護狀態，區區三尺身軀的人類尤其如此。也正因如此，人類需要創建一套保護自己生存安全的制度體系與價值體系。這其中首要的工作就是維護自由，乃因為自由是人生一切構建和一切活動的始原起點。

對於這樣的價值標準與判斷，我只有擊節讚嘆。

索忍尼辛，因其生存與反抗的社會環境與時代氛圍，與中國大陸十分相似，而受到許多中國作家的敬仰和研究。可以毫不誇張地說，索忍尼辛的去世，不僅是世界文學界的巨擘倒下，更是世界自由主義思想界的大廈傾覆。雖然，在今日中國大陸文學界，充斥著粉飾現實，歌頌「聖朝」的所謂「主旋律」作品，但索氏《癌病房》、《古拉格群島》所激發的反抗專制、極權與暴政的潛流，終究會匯成浩浩蕩蕩的長河。在這篇文章中，楚寒總結了索氏對於暴君、暴政與人性惡三者之間的關係。他寫道：

> 他進一步提出了一個本源性的問題：並不是暴君對人不人
> 道，而是人對人的不人道。斯大林專政並不是歷史上人性
> 歷程中的某個失常狀態。人類心中的惡是一個永恆的世界性
> 主題。

這樣明晰、深刻的見解，經過楚寒的概括，變得更加一目了然，深入人心。自由的小小火炬，似乎已經由索氏的手中，傳到了包括楚寒在內的一代中國中青年知識分子的手中。「薪傳」這樣一個生動的詞，此其謂乎？

二、社會公義的吶喊

楚寒絕不是只在故紙堆裏尋找自由的書呆子。他對自由的追尋，其標的，正是此刻、當下並不那麼自由的中國人民。即使是抨擊、批評境外的暴力與暴戾，他選擇的參照物，也是極權制度下，尤其是毛澤東統治時期的中國大陸。

一個「愛中國更甚於愛美國，是中國人更甚於是美國人的」大教育家、燕京大學創校校長司徒雷登，在他擔任美國駐華大使，留在被共產黨占領的民國首都南京，試圖與新政權建立某種聯繫未果後，於 1949 年 8 月，黯然返美。這位為中華民族現代高等教育付出了畢生心血，從某種意義上說，大力推進了中國邁入現代社會進程的老人，回國時受到了尚未身登大寶的毛澤東的無情嘲諷。在被收入中國中學課本的《別了，司徒雷登》一文中，毛澤東無視基本的歷史事實，為兩三代中國學生，刻劃了「無可奈何花落去」的失敗的「美帝國主義侵略代言人」的形象，讓這個熱愛中國的美國人，身背歷史罵名達六十年之久。

　　稍感欣慰的是，隨著時代的變遷，社會語境也發生了變化。司徒雷登的骨灰，終於在 2008 年 11 月 17 日，回到了他的出生地杭州，回到了他死於斯、長於斯、嘔心瀝血於斯，被唾受辱於斯的中國。楚寒敏銳地捕捉住了這一新聞事件中所蘊涵的巨大的歷史與現實解讀可能性，在《司徒雷登，何處安放他的精神？》一文中，對中國當下的教育現狀，進行了一針見血的批判：

> 　　當前的中國經過近三十年的開放改革，雖說在經濟領域確實取得了不小成就，但大學作為社會的文化思想中心，其發展現狀卻令人憂心……學術研究領域甚至出現帶有全民族整體性的學術停滯、學術倒退的現象。大學教育本應謹守的原則和大學創造文化、繁榮思想學術的功能在相對範圍內萎縮和退化，校園內功利主義的盛行表徵了中國大學精神的淪落，民國時期那一代教育家的風骨、胸襟和他們守護的傳統、精神已難窺見……

　　這種帶有切膚之痛的針砭和撻伐，出乎本心的是作者楚寒關愛中國的拳拳赤子之心。如果說，社會不公是中國大陸的常態和普遍事實，那麼，在教育領域的制度性不公，以及教育機構和教育工作者的、受現行體制保護的不義，禍及的就不僅僅是一兩代人，而是千秋萬代、子子孫孫。那時候，既然中國學界不能尊嚴地自立於世界學林，中華民族又哪裏能夠尊嚴地自屹立於世界民族之林？這其間平易淺顯的邏輯關聯，已無須多言。

　　社會不公與不義的主要原因，當然是獨裁者、暴君與極權制度。1975-1979 年，筆者已經接受了中等教育，剛剛從一所鄉村中學畢業。中國南方邊境爆發的一場戰爭，其真實目的，是為了救援南亞柬埔寨，一個被鄰國越南重新趕入叢林的、殘暴絕倫的短命政

權──紅色高棉，也即柬埔寨共產黨。對於以極原始、野蠻的方式，屠殺了至少兩百萬柬埔寨人民的這個極權政權，國際社會組成了法庭，開始了曠日持久的審判。對於這段史實，中國政府諱莫如深，好像自己與之毫無關係，甚至，這樣的反人類慘劇，根本就沒有發生過。楚寒在〈一場遲到的審判〉一文的結尾，這樣警醒健忘的世人，這樣警醒健忘的世人：

> 三十年的日曆像湄公河的流水一樣逝去了，經過歲月變遷，紅高棉政權已成為柬埔寨歷史曾經的一頁。可歷史也時常被人們遺忘，幸好，今天有這樣一場審判來保存一份歷史證據，讓後人瞭解到人類文明史上曾有過這一道慘痛的疤痕，同時讓歷史告訴未來，悲劇再也不能重演。

楚寒的用心自然良苦，但人類文明的前途卻未必樂觀。只要嗜暴力、愛血腥的極權專制政權，不從人類的政治詞典中徹底消失無蹤，在今後的歲月長河裏，還會出現或大或小的人施之於人的集體性、制度性殘暴，如希特勒之對猶太人，如紅色高棉之對柬埔寨人民，如 1968 年「紅八月」血腥日子裏，紅衛兵之對「地富反壞」（湖南道縣和北京大興縣，以及廣西都發生了針對這一社會群體的大屠殺乃至剖心食肉）。

對社會不公的義憤，必然表示為對弱勢群體的同情與悲憫。在這本隨筆集的許多篇章中，時時都可以觸摸到作者因公正不行、公義不彰，拍案而起時憤怒的脈搏。當巴金先生眼看「文革」博物館的警世倡議變成官家的一個禁忌，最後抱憾而終時，楚寒以如刀之筆寫道：

> 而我們在國民經濟瀕臨崩潰的 1977 年，斥巨資為『文革』的罪魁禍首建了紀念堂，卻沒有在國力大增的上世紀末或本

世紀初為千千萬萬在『文革』中被冤殺、遭淩辱、受折磨的中國人建一座『文革』博物館。

對比俄羅斯民族反省自身極權統治時期的暴行，建立人權紀念碑、獄政博物館等，中華民族在「痛定思痛」這個詞上，做得還遠遠不夠。

這本書中，還有很多篇章，展現出作者對於人道主義的高度推崇，體現了大陸作家中少見的人文精神。如《她是窮人的光》就是一曲獻給德蕾莎修女的崇敬之歌。這個將自己的一生，奉獻給了印度加爾各達貧民窟裏的窮人的聖潔修女，簡直是這個充滿了殺戮、仇恨的人類社會的神蹟。她讓我們記住了聖經中的話：作世界的光。

而楚寒正年輕，從某種意義上來說，還處在思想全面飛升的青春歲月。充盈在他作品中的深邃的思想和博愛的情懷，在在顯現出可喜與可貴來。置身於自由的西方，他的閱讀、涉獵、寫作與言說，都帶有一種強烈的使命感和責任感，那就是：作一只為自由而鳴的泣血杜鵑。

「寧鳴而死，不默而生」。這是中國知識分子有別於西方知識階層的顯著標誌。可惜，近年來，被贖買與馴化的中國讀書人、教書人、寫書人中，不乏孔慶東那樣，在博客中連篇累牘炫耀自己在現行體制下廣受邀約、日日盛宴的小醜似的人物。相比之下，聲名顯赫程度遠不能與之相比的楚寒，更為贏得我的敬意。無他，楚寒的心中，裝的是人；而那一位，眼裏只有主人。

是為序。

2010 年元旦，於夏威夷無聞居

目次

第三輯　精神不死

第四輯　為愛和公義祈禱

第一輯

江海潮音

閩江祭

一

在中國的東南沿海，有一條河流穿越了近半個福建省，名字也取自福建的簡稱，就是閩江。寬闊浩蕩的江面和秀麗雄渾的江水，不捨晝夜地浸潤著這個依山傍海的東南省份，見證著這裏流逝的悠悠歷史。

發源於福建西北武夷山脈南麓的閩江，是極有氣勢的。她的上中游所流經的地域，多為崇山峻嶺，她也就隨山嶺洶湧起伏，一路跳躍喧騰，掉頭東去。只是到了下游的低山平原地帶，她才稍稍舒緩下來，和順流淌，最後以從容不迫之姿投身於大海，匯入台灣海峽。閩江的入海口，是她在陸上的旅途終點站，也是福建的省會，位於福建之東，名曰福州。

二

福州是一座歷史文化名城。它的建城已有兩千多年了，而更早在五千年前，福州這一帶就和長江、黃河流域一樣進入到新石器時代了。那時的福州先民們從事著簡單的漁獵活動和農業勞動。自原始時代起，這塊土地的命運就與閩江息息相關了。倘若沒有閩江帶來的泥沙沖擊和積年沉澱，千百年來的福州平原恐怕依舊是汪洋一

片，至多不過是沿海灘塗，而不會有日後的沃土肥壤、萬民生息。於是，福州百姓將這條蜿蜒穿城而過、日夜滋養斯地的閩江，稱作母親河。

歷史記載表明，福州人的祖先多半來自北方的中原。自春秋戰國時期開始，每逢北方大地戰亂不斷烽火連天的年代，就會有一些名門貴族或是富庶人家為了避難，扶老攜幼倉皇南逃，落腳這裏。他們千里奔波躲藏到此，只圖過幾天平安清靜的日子。福州，成了中國亂世一個靜謐的移居地。閩江，成了亂世中人一個清靜無為的避風港。溫馴恬淡、隨遇而安的民風，在這一方土地，逐漸養成。

三

情勢悄然在變。輾轉到了晚清，隨著中國的海上大門狼煙四起，西方人駕著船艦打開了封閉帝國的大門，福州成了最早開埠的沿海口岸之一。各種新思潮不斷湧入，衝擊著這個昔日的清靜無為之地。呼吸到西邊吹來新鮮空氣的福州人，一掃先祖的沉寂作風，開始頻頻亮相歷史舞台。

於是，在中國逐漸融入世界的道路上，常常可以看到有志為民族尋找出路的福州籍人士留下的足跡。他們在昏睡的帝國清醒著，並試圖讓後者也睜開眼睛。與這段內憂外患血淚閃閃的歷史一樣，他們當中少有一生順遂頤養天年的，而多半經歷坎坷命運多舛。而閩江，總是憐憫柔慈地看著她的孩子，在他們落難失志的時候，在他們蕭瑟泣血的時候，用她那溫和深沉的臂彎，收留這些從閩江出發走向天涯、卻又最終走投無路的優秀魂靈，或者在閩江沿岸築土為墓，供人憑吊拜謁，或者在閩江河畔留下遺宅，保存一份歷史憑證。

　　我在長江北岸、黃海之濱的江蘇北方長大，年少時卻總是憧憬著南方。上個世紀末，我來到閩江江畔的福州為理想打拼。這座古老的、充滿歷史滄桑和現代色彩的江畔名城，成了我的第二故鄉。而閩江岸邊，則成了我時常留連靜思的精神棲息地。我曾在江邊的那些墓地遺居間穿行，蕭穆樸素的場景引我回望歷史，卻又令我愴懷良久，身旁閩江的流水聲汨汨嗚咽，仿佛也在向我講述著一個個長眠地下逝者的故事。

四

　　故事從鴉片戰爭前後說起。

　　中國最後一個君主王朝經康乾盛世後開始走下坡路，漸漸積弱不振，而同時期的西方世界正蓬勃發展。鴉片戰爭一開打，清廷潰敗，東西方科技軍事的巨大差距，高下立判。可是戰敗的教訓未能促使朝廷痛行改革，反而繼續推行保守的閉關鎖國政策，朝野上下也並未因戰敗而改變對西方的看法，仍以老子天下第一的「天朝上國」自居，更沒有動過要向素來輕視的「夷人」學習的念頭。

　　一個將大清帝國從昏睡中搖醒的漢族重臣在廣東發出疾呼：我們已經落後於人，再不學習西方將後悔莫及！林則徐，福建侯官（今福建福州）人，字元撫，抵粵時五十三歲，官居一品。我們現在從位於福州市南後街澳門路的林則徐紀念館中，可以看到當年一品大員的畫像。畫中的大臣神色凝重，眉頭緊鎖，目光朝向遠方，憂慮的眼神顯示出他已經感覺到時代變化的氣息。道光十九年，也就是1839 年的3 月10 日，授命南下禁煙的林則徐抵達廣州。欽差大臣當天首先參觀了越華書院，並用院內的狼毫毛筆揮寫了一對漂亮的楷書對聯，上聯是：「海納百川，有容乃大」。

　　這番心聲與他肩負的南下禁煙之責並行不悖。一方面，林則徐對外國煙商販賣鴉片的行徑深惡痛絕，他要查禁，要燒毀，他立誓「若鴉片一日未絕，本大臣一日不回。」；另一方面，他意識到對手在文化科技等方面確實高明許多，對此他要「納」，要「容」，如他奏摺中所寫要「師敵之長技以制敵」。這在當時整個大清王朝處於沉睡未醒、華夏蠻夷觀念流傳了兩千年的國度之中，他的此番「學習敵夷」的呼籲實在是非同小可！

　　一個老臣要在一個老大帝國裏幹一番從來沒有人想過更沒有人做過的事業：年過半百的林則徐煥發出年輕人的熱情，他甩開膀子親自主持組織翻譯班子，開始翻譯外國報紙和外國書籍：他把外國人講述中國的言論翻譯成《華事夷言》，成為當時中國官吏的一份「參考消息」；他還陸續翻譯了英國商人、瑞士法學家等人的著作；最值得一提的是他組織翻譯編著成的《四洲誌》一書，後來魏源依此編撰《海國圖誌》，成為其後的洋務運動之先聲，乃至影響到日本的明治維新和東亞歷史。

　　林則徐的這些努力給密不透風的大清帝國引進了一些新鮮風氣。現在幾乎可以論定，這是中國近現代研究西學和學習西方的崎嶇長路上的艱難起點。作為首倡者，目光前瞻的林則徐無疑該記上頭功。那麼，他身處的時代照理該百倍地感激他、盡可能地厚待他吧？事實剛好相反，此後林則徐的人生際遇越來越糟糕──

　　一年後，他被革去一品總督一職；

　　兩年後，他被降以四品官員調任浙江；

　　後來，他又被革去四品卿銜；

　　再後來，他被「從重發往伊犁，效力贖罪」，成為流放罪臣；

他前後外放西部的新疆、陝甘等地有八年之久,長年遣戌邊疆使得這個南方人染上了脾泄、胃病、疝氣,常常咳嗽得一宿難眠,後來甚至要躺在特製的臥轎裏;

十一年後,1850 年 11 月 22 日,林則徐指天三呼「星鬥南」之後在廣東潮州病逝。中國近代睜眼看世界的第一人在異地他鄉永遠地閉上了眼睛。

隨後,林則徐歸葬於福州市北郊馬鞍村的金獅山麓,與夫人鄭淑卿、父母、弟弟弟婦同葬。如今前往林則徐墓地,首先映入眼簾的是墓前一片綠油油的菜地,四周滿山松柏,青蔥茂密。墓前有獅子一對,墓為三合土、四層台結構,左右為兩座青石碑,一是咸豐禦賜祭文,一是禦賜碑文。

林則徐的墓地離福州市區約四公里左右,比較幽僻,西邊不遠處是福州下屬的洪山鎮,閩江從這裏流過。這位開啟中國近代向西方學習之風氣的福州老人,就在這裏將自己一生辛勞的生命落下一個安靜的句點,靜靜地躺臥在青山綠樹叢中與閩江河畔。

五

林則徐故後十一年,一場利用西方先進科技發展近代工業的歷史事件登場,史稱「洋務運動」。可是經過三十多年的創辦洋務,等到 1895 年甲午戰爭爆發,北洋水師全軍覆沒,洋務運動被證明破產。這時出現了要求從更基本的政治體制層面來進行變法維新的聲音。

甲午三年後是戊戌年,一個中國近代史上的重要年份。1898 年 6 月 11 日,以光緒帝頒布《定國是詔》為標誌,清廷實施新政,開始維新變法。一場希望中國走上君主立憲道路的現代化政體改革,拉開序幕。

可憐這場變法只有短短的 103 天的壽命，就被保守勢力發動的政變斷送，新政幾乎全部被廢除。9 月 28 日，慈禧下令將六位維新黨人押到北京菜市口問斬，大隊清兵將刑場團團圍得個水洩不通。六輛囚車陸續推了進來，站籠內披頭散髮的譚嗣同等六人依次被斬殺，史稱「戊戌六君子」。

六君子中最年輕的一位就義的時候年僅二十三歲。青春如花的生命，剎那間凋落在北方異域。林旭，字暾谷，福建侯官（今福建福州）人，係康有為弟子，四品卿銜軍機章京。林旭留下來的照片不多，我好不容易在「無盡的愛紀念網」上搜尋到林旭的一張老照片。一個濃眉大眼的俊美少年身穿棉衣褲、頭戴官帽站在一盆花旁，他的個頭不高，塊頭也不大，可是他的眉宇間分明流露出一股英氣和凜然正氣。

1893 年，林旭開始跟隨康有為「治義理經世之學」，參與「公車上書」。1898 年正月，林旭在北京福建會館成立「閩學會」，參與創立保國會，逐漸成為戊戌維新的積極人士。

變法維新開始，有抱負的青年志士得到了同樣有抱負的青年皇帝的賞識重用。林旭被授予四品卿銜，與譚嗣同、楊銳、劉光第等同任軍機處章京，參與新政事宜。新政期間，林旭所呈的奏章最多，頒布的上諭也大多採用他所擬定的奏章，內容遍涉廢八股、改科舉、設學堂、習西學、創辦報刊、獎勵發明創造、鼓勵開礦、修建鐵路等。年輕的四品官員為新政嘔心瀝血，可謂盡忠職守，守舊派則對他恨之入骨。光緒被廢之前在四天內下了兩道密詔給康有為，最後都交由林旭轉交，乃因為閩地多山易於藏身避禍。

可是林旭並沒有回老家福建躲避，而是決定留在了北京城，並作了一首詩贈予戰友譚嗣同：「伏蒲泣血知何用，慷慨何曾報立恩。願為公歌千里草，本初健者莫輕言。」表明事敗已無回天之力，即

8

使慷慨赴死，亦難報聖上知遇之恩。臨刑前的林旭仰天長嘯「君子死，正義盡」，然後，血灑刑場。

令人籲唏的是，林旭在北京被斬後，一截兩段的身子經縫合起來千里迢迢運回家鄉福州後，按福州的當地風俗卻無法進得了家門。他的靈柩只得寄厝在福州金雞山麓的地藏寺，眾多僧人日夜誦經超度。當地保守派及愚民鄉人對林旭的參與變法行為恨之入骨，聽說後群起衝擊寺院，眾人用鐵釺在火中燒紅，然後將棺材捅穿戮屍洩恨。林旭的年輕妻子、福州才女沈鵲應寫下了一副輓聯之後，服毒自盡。

這是一幕徹頭徹尾的悲劇！這位「人間廿四年，英名滿天下」（康有為詩）的才子志士，這位英姿煥發的少年人，他第一次死於一個居於最高統治地位的殘暴的老太婆之手，而他家鄉愚蠢的暴民則對他實施了第二次更為可怕的集體謀殺！他們甚至竭力將有關林旭的一切實有之物從福州的版圖上如蛛絲般抹去。於是不可思議的事情出現了：作為一位載入史冊的歷史人物，林旭在家鄉福州的墓地至今不知道在何處，林旭位於福州郎官巷東口的故居住所也沒有保存下來。林旭的故居原址現在成了一個出售音像製品的普通店鋪，前來購物逛店的俊男靚女沒有人知道這裏曾經居住過一位名滿天下、差一點改寫了中國歷史的大人物。

幸好，在林旭當年靈柩曾寄存待葬的地藏寺裏還保存了一份小小的歷史證據。1992 年地藏寺重修時立了一塊碑，名為「重修金雞山地藏寺碑記」，在長長的碑文裏細細閱讀，可讀到其中的這麼幾句：「清末民初，朝政不綱，法亦式微，淪為停柩之地。戊戌之役，州人林旭被難，其柩亦歸厝於此」。

金雞山上的地藏寺位於福州東郊，在閩江北岸，如今偌大福州城只有在這個古寺裏才能尋覓到關於林旭的一絲線索。百年之後，

不由得令人心酸傷嘆，那閩江江水也為此嗖嗖哭泣、悲啼不已，哀嘆一具短暫而又傳奇的生命的淒涼身世。

六

六君子血濺菜市口，中國人追求強國夢、實現富國振興的願望再一次失敗了！

接連的慘痛教訓，使一部分中國人醒悟過來。他們體認到中國幾千年專制的病根在於「個人沒有自由」。一時間，思想界出現一股鼓吹個性解放、個人自由的風潮，給那個時代帶來一股清新的思想源泉，並成為其後五四新文化運動的前奏與序曲。王國維說這是在「接受歐人深邃偉大之思想」，梁啟超則將甲午海戰前後的這股思潮，稱作「晚清之新思想運動」。

這場新思想運動的代表人物是一位年輕時曾留學英國的中年人。嚴復，字又陵，後改名復，字幾道，福建侯官（今福建福州）人，啟蒙思想家、翻譯家兼教育家，甲午戰爭時四十歲出頭。嚴復二十三歲時，被公派到英國學習海軍，這段經歷徹底改變了一個留學生的一生。留英期間，嚴復關注歐洲社會政治情形，旁聽議會辯論，經觀察數年後得出一個結論：西方之民富國強不在於船堅炮利，端在人民自由。因個人潛能得以發揮，西方社會才民氣活潑，國家才煥發生機活力。於是，年輕的留學生決心到以個人主義和自由主義為主的思想及價值領域去尋找西方強盛之源。

循著這一思路，從 1895 年 2 月開始，北洋水師的高級長官轉身變成了一個思想啟蒙者。嚴復主辦《國聞報》，並連續在報紙上發表極具份量的政論文章，一系列振聾發聵的思想主張從他的筆下流出。1897 年，在嚴復居住的天津公寓裏，一系列更偉大的譯著

作品正經日夜筆耕陸續問世，先是最富盛名的《天演論》，之後是另外七本西方社會科學名著。這些譯著中有若干嚴復自己的原創思想，他欲吹「鼓民力、開民智、新民德」，呼籲拋棄洋務派「中學為體、西學為用」的觀點，呼籲國人做到「體用一致」，還提出「以自由為體，以民主為和」的深刻命題。嚴復的譯著和創作啟蒙與教育了一代國人。

作為走在時代前列的啟蒙巨人，嚴復的一生始終對國家民族有著深厚的憂患情懷。可思想領先的啟蒙者總是孤寂的，真誠熱情的憂患者總是痛苦的，這就註定了這位憂患的啟蒙者一生命運的曲折磨難——

這位滿腹新知的留學生，回國後希望通過參加科舉實現救國圖強的理想。遂從 1885 年到 1894 年，嚴復連續四次參加鄉試，卻因無法適應清朝陳腐的八股取士的科舉考試，每次均遭落第，備受科舉之折磨。嚴復後來將這段應試經歷稱為「慘淡」。

這位憂患者胸中有著強烈的政治抱負和具體的改革宏圖，曾希望「貨與帝王家」一展身手，卻難償夙願。嚴復回國後先後任職於福州船政學堂、北洋水師學堂，但由於當時官場習氣惡劣，不重人才。嚴復可不是個「多磕頭少說話」式的唯唯諾諾的奴才，自然不被朝廷重用，仕途遭遇冷落。

回國後十年間，嚴復一直無法擔任重要職位，一來因他沒有科舉功名，二來他恃才狂傲的個性受到官僚們的歧視，也得不到上司的重用。他在家書中傾吐苦悶：「官場風氣日下，鬼蜮如林，……兄自來津以後，公事一切，仍是有人掣肘，不得自在施行。」、「在北洋當差，味同嚼蠟。」，以至悲嘆「四十不官擁臬比，男兒懷抱誰人知？」長期的懷才不遇、仕途冷落，使得嚴復一度抑鬱消沉，後來染上了鴉片。

1912 年，嚴復被任命為由京師大學堂更名的北京大學首任校長，由此他希冀能在教育領域幹出點成績。同年十月，由於經費問題和政治派系鬥爭的壓力，執掌北大僅八個月的嚴復被迫辭去校長職務，離開北京，使他「兼收並蓄，廣納眾流，以成其大」的辦學思想，和要使北大成為「一國學業之中心點」的志願未能競成。

基於對國情民性的獨特把握，嚴復終身反對暴民運動、反對暴力革命，主張維新變法和實行君主立憲，為此他屢次觸犯眾怒並付出種種代價。1900 年夏，義和團事件最盛之際，嚴復因畏懼這種暴風驟雨式的群眾運動，「倉皇由津赴滬」；辛亥革命後，嚴復列名為籌安會的發起人，支持袁世凱復辟帝制，其後公開對張勳復辟表示同情，遭到群起圍攻，責難叱罵聲不絕於耳。後在國會要求懲辦籌安會六君子時，嚴復只得又避禍逃到天津。

因長年顛沛流離，加上一度的情緒低落，中年以後的嚴復吸食鴉片成癮，晚年更是多種疾病纏身，咳嗽、腹瀉、失眠等病症長期困擾著嚴復的工作、思考乃至日常起居。

嚴復雖然「中西學問俱佳」，且秉持特立獨行的操守，學術政見有其一以貫之的原則，在翻譯學上更是為一時之先，但是他的晚年學術思想既在當時不獲理解，更是在後世引起較大爭議，甚至受到嚴厲批判。嚴復雖被公認為晚清民初思想學術界巨擘，可後來的學術界對其晚年思想卻基本持否定評價。不少學者認為晚年嚴復「背棄了他早年相信過宣傳過的『新學』、『西學』，而投入到封建主義的懷抱中」，批評其晚年思想表現出向傳統文化回歸的「保守」、「倒退」趨向。

就這樣，嚴復一生在備受尊崇的同時面臨諸多壓力，一生的道路可算是坎坷不平。究其原因，雖說嚴復在他的時代裏曾引領思想界潮流，但他終究是勢單力薄的文人學者，他的理想抱負與人生際

遇、他的興國宏圖與現實民情，仍然受到現實社會多重的障礙和羈絆，許多的矛盾糾纏折磨著他。

最終，嚴復在彌留之際留下一紙遺囑「中國必不滅，舊法可損益，而不可叛；新知無盡，真理無窮，人生一世，宜勵業益知」後，於 1921 年 10 月 27 日因哮喘病久治無效，在福州郎官巷住宅走到了人生終點。中國思想界巨星隕落。

嚴復逝世後翌年正月，他的福州同鄉、翻譯家林紓特地自北京返鄉到福州的嚴復墓地祭拜，宣讀祭文云：「君著述滿天下，而生平不能一試其長，此至可哀也。」

嚴復身後葬於福州市郊區蓋山鎮陽岐村的北鰲頭山東麓，其墓地坐西向東偏北，花崗巖石結構，呈如意形，三層墓埕，占地面積二百多平方米。封土為三合土質，封土前豎一青石墓碑，楷書刻著「清侯官嚴幾道先生之壽域」。嚴復故居位於福州市鼓樓區郎官巷，與嚴復墓均位於閩江北岸不遠處。這位在二十世紀交替的中國思想界掀起巨大漩渦的新思潮拓辟者一生辛苦疲累，他要在這閩江河畔安靜地永遠休息。

七

從晚清之新思想運動，到民國初年的五四新文化運動，中國近現代知識分子在學習西方、吸取西方思想文化資源來為尋求中國現代化路徑的時候，卻幾乎都忽視了西方現代化的一個極其重要的精神源泉——基督教文化背景。這使得中國人在渴望改變專制的「兩千年來未有之大變局」的時代裏，嚴重缺乏深層次的堅實支撐，也使得啟蒙先驅諸君倡導的科學、民主、啟蒙、理性、自由等理念顯得格外脆弱。

所幸，在二十世紀中葉之前由於時局動盪戰亂頻仍，基督教在中國還是有了相當長足的發展。在這一發展過程中，中國一批本土化的地方教會領袖對此貢獻卓著。

其中有一個人的名字與地方教會的歷史緊緊地聯繫在了一起，他曾在自己的家中建立了中國第一個地方教會。倪柝聲，福建福州人，最具影響力的中國基督教領袖之一，作家、詩人、宣道者和教會建立者，也是中國第一位對西方基督徒具有影響力的基督教人物。倪柝聲寫的書長期穩占基督教書局一個位置，他於二十世紀初按照聖經榜樣恢復的地方教會，至今仍然繁榮興旺，並且留下了許多傳唱至今的詩歌。2009 年 7 月 30 日，美國國會決議表彰這位中國殉道者對全球基督教的貢獻。

倪柝聲出生於福州最早的基督教家庭，在嬰兒時期就受洗，十三歲就讀於英國聖公會在南台所辦的著名的三一書院（位於今福州倉山區），接受西式教育。1922 年暑假期間，十九歲的倪柝聲和一群年輕人決定跟隨《使徒行傳》上記載的初期教會的榜樣，在福州倉山一位同工的臨時住所，建立了第一處脫離了宗派公會的地方教會——福州教會。這批年輕人極其熱切地上街傳福音，身穿寫有福音標語的背心，這樣的舉動轟動了福州全城。

之後，倪柝聲在東南沿海、香港等地，舉辦同工長老訓練，幫助建立當地的教會，他還翻譯聖經課程，創辦上海福音書房，並投入到基督教著作的寫作中。在倪柝聲的努力下，二十世紀上半葉中國各地的地方教會陸續建立，並且實現了全國各地教會的普遍大復興。他的一些著作於 1960、1970 年代在西方國家大受歡迎，影響深遠，其《正常的基督徒生活》在全球銷售超過一百萬本，成為二十世紀的經典著作。

1949 年中國大陸變天，基督徒團體在歷次政治運動中成為受打擊的主要對象，身為基督徒領袖的倪柝聲開始了他的人生噩夢——

1952 年 4 月，在「三反五反」運動中，倪柝聲被秘密逮捕關押在東北。

1956 年的「肅反」運動中，倪柝聲與被捕的同工汪佩真、李淵如等人一同在上海，被作為「倪柝聲反革命集團」首犯公開控訴。

在政府召開的控訴大會上，倪柝聲被「揭發」出一連串令人難以想像的罪名：譬如在 1940 年代不贊成學生信徒上街進行反對國民政府的遊行示威（因為堅持聖經中順服政府權柄的要求）；讓青年學生移居台灣這個「水深火熱、暗無天日」的地方；與外國傳教士有過來往並同情他們，沒有站在堅決反帝的人民立場上等等。如同他一貫的作風，倪柝聲從不否認對他的指控，總是答道：「我比你們說的還要壞」。於是，掛牌子、體罰、羞辱、圍攻、抄家、批鬥等厄運接踵而來。

倪柝聲在被捕之前有機會為教會事宜去香港，當時有許多人勸他不要再回大陸，但是他說要「回大陸去，與弟兄姊妹一同受苦」。他很清楚他命定的道路，那是「我的結局，不是被抓，就是殉道。」。

果不其然，倪柝聲被判刑十五年，關進上海提籃橋監獄，從此再也沒有走出監獄的大門。在獄中，他曾被關在兩個流氓刑事犯一起，這兩人的任務就是逼他放棄信仰，他們越狠地虐待他，自己就越能立功，他的一件棉背心也被他們打爛了。當局逼迫他放棄信仰的目的不能達到，而他的刑期又滿了，他就被秘密押送去上海郊區的青浦縣青東勞改農場，後來，他又被押送到更苦的地方——安徽深山裏的白茅嶺勞改農場。1972 年 6 月 1 日，仿若經歷了人生煉獄般的一代基督徒領袖在痛苦淒涼中含冤死去。

殉道後，倪柝聲與妻子張品蕙一同安葬在蘇州郊外的香山公墓。如今在他的家鄉福州市，他獻出故居改建的中洲聚會所早已恢復聚會，福音仍然興旺。倪柝聲曾經進行同工長老訓練的福州郊外鼓嶺居所，今天那裏幾乎所有的村民都是基督徒。由倪柝聲故居改建的中洲聚會所和鼓嶺居所，旁邊就是閩江江水從這裏緩緩流過。

這位堅卓的基督徒領袖二十多載負屈受辱含冤、在監獄裏受盡肉體和精神的雙重折磨、最後死於陰暗牢獄的苦難故事，讓滔滔閩江水不由為之愴然淚下，發出一聲沉重的嘆息。

八

這一聲沉重的嘆息，穿過一百六十多年來動盪的中國歷史流程，一直回響到二十一世紀初的今日中國，裏頭蘊含著太多的慨嘆、悲痛、憐憫和惆悵。

我再一次前往離我居所最近的閩江岸邊，那如訴如泣的江水仿佛也在註視著我，她讀得懂我臉上表露出來的沉哀和敬仰之情。只因這濤濤流淌的江水邊上，曾經行走過福州最優秀的頭腦，閩江最純誠的靈魂，同時也是中國最耿直的赤子，他們滿懷激情地為民族心靈的出路和贖救艱難求索，為在時代禁錮中掙扎的古老民族注入了一股新流和生機。一部厚重的歷史在將冠冕和戕害交錯加諸他們身上的同時，也將中國近現代史的流程和奧秘展示給我們了。可是百多年後，中國歷史的死結仍然沒有解開，他們畢生夢想的實現，依然是一個遙不可企及的夢。

如今，翻過歷史悲愴的一頁，那些孤單離去的背影，那些散放光芒的思想言行，如江面上的月光依稀閃爍在浪花之上。而我，一個思慕者，仍徘徊在歷史的洪流中感今思昔。呼嘯而來的西風自遙

遠的地方吹來，從江面上掠過，在閩江的江水裏迴旋，吹得那江水
濤聲，像一曲催人淚下的曲子，如我佇立的身影蒼茫，如我祭奠的
心聲低徊。

漫步盤龍江

一

　　夕陽西下，萬片細碎的晚霞淺淺淡淡地灑向大地，昆明開始進入傍晚時分。和這座城市一同入夜的，是蜿蜒穿城而過緩緩流淌的盤龍江。

　　我沒來之前，這條河流日夜與城市一同嘆息，以她的細膩溫柔沖刷大地的累累傷痕。我來了之後，必會敞開心扉與這條河流一同哭泣，用我即將決堤的深情，撫慰她長久流漾的哀傷。一個漫長的夏季過去了，初秋的這條河流，就像這個時節的顏色，搖蕩和浮沉都是那麼寧靜從容，在晚霞的餘暉中輕輕泛著泡沫，迴旋起航，靈動如魚。

　　是九月的讀研錄取通知書，催我從遠方背著書包來到這座西南城市。在我入讀大學的校歌裏，歌詞的第一句就是「我們的校園在盤龍江畔」，這個鄰居成了我當初報考這所大學的意外收穫。果然，從我的大學後門走出去不多遠，立即就能看到這條河流。於是在秋日勝春朝的九月時分，素來喜愛江海河湖的新生，信步走向這條毗鄰而居的河流，然後，彼此相識。

二

兒時的我常常困惑於我是誰，我來自哪裏，要去往何方，長大後更一度在人生的征程中迷失了方向。而我眼前的這條河流從未有過這種困惑，她天生就知道她的搖籃和歸宿，她不會迷失她的航向。她記得自己的發源地，那是昆明北郊市轄嵩明縣的梁王山北麓，然後她自山而下由北向南流經整個昆明市區，剛好成為昆明市區下轄四個區的東西分界線，最後她要注入地處昆明西南郊那個著名的滇池。

她以「江」命名，其實她的規模比不上真正意義上的江，但日久天長人們已經習慣這樣稱呼了，我想，或許稱之為「河」更為恰當吧。

她是一條九曲十八彎的大河。因為彎曲，很久以前這裏的居民便將她取名為「盤龍江」，具體年代有多久遠目前我不知道，日後我會設法進一步查詢。聽說明代僧人釋淨倫曾來到盤龍江上游的黑龍潭，在山上看到盤龍江的彎曲水流時，即刻吟詩詠嘆：「遠青近碧山無數，東曲西灣水自流」，成為文言文形容盤龍江之彎曲形狀的最早記載。

她的形狀雖是彎曲，可是她的個性並不。千百年來，這條全長將近一百公里的河流從她源頭的崇山峻嶺之中出發，心中迴蕩著遠處煙波浩渺的高原湖泊的召喚，遂每日奔波在朝霞晚照裏，哪怕身軀疲累，哪怕遍體鱗傷，也要歸去那有路標的湖泊。發黃的滇中大地之上，記錄著這條河流的辛勞和漂泊，光榮與夢想。她的性格，倔強而又執著。

三

初秋的盤龍江，水流不緊不慢，河面上吹來的微風，已經有了一絲寒意了。淡淡的月光傾灑在河面上，閃爍著疏微的光暈。流水順著河道流瀉下去，激起了無數細小的波浪和漩渦，那流水淙淙活活的聲音拍岸而來，像一曲輕而柔和的輕音樂。河流的淺水處可見一些高聳的巖石，全都傲然挺立著，深水處依稀可見漂浮在水面上的淺綠色水藻，隨著水波飄來蕩去的。河堤離河水的這段距離是一個斜坡，往下有一條傾斜鋪排的草地直伸向河去，草地上種著一些楊柳或是其他的樹，樹下一些市民圍坐著在聊天，有幾個老人在晚風中拉起了二胡。

好一副悠閑的畫面！美中不足並且至為遺憾的是，河水看上去很不乾淨，走近河邊那氣味更是難聞。

河面上時而會有小船緩緩駛過，看樣子是漁船，青石板的台階下，就是碼頭，可供河上行駛的船兒停靠。碼頭處的河水很淺，一些孩童站在水中嬉戲打鬧，我既嘆服於他們的不怕著涼，又訝異於他們竟然不嫌河水的髒臭。傍晚像我這樣在河邊走路的人很多，看來是沿河的居民晚餐後出來散步的。河兩岸的小區或者店鋪，不時會有嘈雜聲或是電視機裏發出的聲音飄出，飄向河面的上空。

入學時聽別人說每年的十二月到來年的三月，會有一群群躲避北方寒冬的紅嘴鷗，從遙遠的北方西伯利亞貝加爾湖飛來，落棲在盤龍江水域。我不由無限神往，那該是一幅何等美妙的河、鷗、人三者和諧共處的景觀哪！離那時還有數個月，我已經等不及想要前來一睹為快了。

四

　　漫步在河畔，領略著沿河兩岸的風情，空氣中夾雜著的河水、泥土、草地、行人的種種混合氣味，給我一種說不出來的混沌感覺，像是時光深處的味道，令我不知今夕何夕。這個秋意正濃的傍晚，河岸兩邊紛亂擾攘的人流氣味和各種聲響，將我引領到時光的背面。

　　距今七百年前的元朝，從義大利遠道而來的馬可‧波羅曾在他的遊記中這樣記載：「到達省會，名雅岐（鴨池，即昆明），係一壯麗的大城。城中有商人和工匠，為雜居之地，有偶像崇拜者、聶斯托利派基督教徒、薩拉森人或回教徒，但偶像崇拜者人數最多。本地米麥生產甚豐，與城中一條彎曲的河流密不可分……」由此可見，中古時代的昆明曾經相當的繁華。城因河秀，城因水媚，那時的盤龍江恐怕可以堪比江南的秦淮河，河上畫舫遊船往來如梭，笙歌舞韻遊人如織。她搖曳多姿，她絢爛多彩。

　　於是，元代的白族詩人王升慕名而來，留下了詩句「千艘蟻聚於雲津，萬舶蜂屯於城垠」，詩中的「雲津」、「城垠」，正是盤龍江上一座有名的橋──德勝橋──橋下的兩座碼頭。當時的雲津碼頭和城垠碼頭一帶集中了大量的船舶、駄馬和其他運輸工具，一派繁忙景象。到了明代，昆明的繁華名聲傳到了徐霞客的耳中，這位大旅行家長途跋涉兩次來到昆明，並特意對盤龍江的源頭進行了一番考證，終成《盤江考》一文。

　　馬可‧波羅到底是見多識廣，這個義大利人的分析是不錯的，昆明的昔日繁盛景象的確跟盤龍江密不可分。正是這條河流作為一條水上通道，才使得昆明──這座三面環山的內陸高原城市，得以

與外界聯結暢通，將原先滇中的沼澤荒灘地帶，變成了「四圍香稻，萬頃晴沙」的魚米之鄉。也正因為這條河流的存在，昆明才成了不朽地理名著《徐霞客遊記》中著墨最多的地方之一，這塊土地也才讓走遍大江南北的江蘇人徐霞客發出感嘆：「不是江南，卻勝似江南」。

史料表明，盤龍江的繁華盛況一直持續到了明清民國時代。這滇中的江南，江南的名江，也曾引得英雄美人相顧翹盼。吳三桂和陳圓圓曾在這條河邊流連忘返，吟詩歌舞共賞花月，後來一代佳麗為情所困身沉昆明蓮花池；蔡鍔的滇軍將士曾從河畔的拓東路出發，為了再造共和故而揮師北上進行護國，而將軍在京城的知己小鳳仙則頻頻南望焦灼地等待心上人的到來。

他們的癡癡執著宛如盤龍江之水南流不回頭，他們也會不時為世事煩憂而像流水那般發出一聲嘆息。所幸江水記住了他們的故事，河流雕刻了他們的容顏，就像她曾潤澤過他們枯萎的心田那樣，仔細而又耐心。

五

千百年來湧流不息的河水，孕育了底蘊豐富、精彩紛呈的盤龍江文化。而她最光輝燦爛的篇章，也是最令我這個讀書人沉迷的，不是昔日的河運發達商業興盛，不是梟雄或是名將的赫赫戰功，也不是名媛佳麗的絕代芳華，而是中國教育史乃至世界大學史上罕見的一所校史短暫、卻又成就卓著的現代大學，和這所大學裏一群執著求知、探尋真理、持守學術理念和純真信念的文人書生。

憶起盤龍江畔那曾經的一代名校的故事，讓一個遠來這個城市求學的學子，感到一種朝聖般的心蕩神馳。想到這裏，我不由屏息靜氣，而河流聽得見我的胸腔裏那顆興奮而激動的心跳。

　　對於這一點，我確信河流與我定有心靈的共鳴。我知道她的心事，她也一直對此引以為榮並時刻銘記著，記著那些曾經在河畔並終生在大地上恪守學術良知、在講台上和書桌前用心書寫人生的人，和他們所在的那所偉大的大學：1937 年對日抗戰全面爆發，北方三所大學北大、清華、南開決定南遷，先來到湖南長沙，組成長沙臨時大學。開學一個月後，由於日軍沿長江一線步步緊逼，師生們於是在 1938 年 2 月繼續南遷。他們在兵荒馬亂中一路顛簸南行，最終在雲南昆明的盤龍江畔停留腳步。這年四月，改校名為「國立西南聯合大學」。

　　更名後的西南聯大成為當時中國規模最大的著名高等學府，昆明城內一時名師雲集，英才輩出。盤龍江水何其有幸，能夠與這所因為躲避戰火前來棲居的中國名校結下緣分；而盤龍江又何其有功，因為她為中國現代的高等教育和學術保存了元氣。

　　如今地處盤龍江西岸一二・一大街的雲南師範大學，就是當年的西南聯大師範學院演變而來的，至今校園內保存有西南聯大遺址和紀念碑，這是我日後一定會常去拜謁的地方。如今昆明市區的小菜園立交橋至北河埂一段的河流，盤龍江自北流到此處，來了一個稍有弧度的大轉彎，而在這個河的大轉彎裏，就是當年聯大老師、學生們夏天游泳、納涼的好去處。正如聯大的畢業生、哲學學者王浩在回憶那段緊張而有意義的學習生活時說：「1939 年到 1946 年我在昆明，享受到生活貧苦而精神食糧豐盛的樂趣。特別是因為和金嶽霖先生及幾位別的先生和同學都有共同的興趣和暗合的視為當然的價值標準，覺得心情愉快，並因而能夠把工作變成了一個最基本的需要，成為以後自己生活上主要的支柱。我的願望是：愈來愈多的中國青年可以有機會享受這樣一種清淡的幸福！」

在戰亂連年極其艱苦的條件下，聯大的師生們追求著學術自由和思想多元，恪守著觀點包容和開明學風，讓大學的精神照亮了二十世紀中國灰暗的歷史。這所大學頓時成為二十世紀前半葉中國知識分子的縮影和精神殿堂，留下了中國大學史上曠世的絕響和最動人的身影——

在這裏，歷史系教授陳寅恪主講兩晉南北朝史、隋唐史專題和元白詩研究等，在聯大期間撰有《隋唐制度淵源略論稿》，作詩「食蛤那知天下事，看花愁近最高樓。」。

在這裏，中文系教授沈從文講授各體文習作、創作實習和中國小說史三門課程，在聯大期間與楊振聲編選中小學國文教科書，並創作《一個婦人的日記》、《昆明冬日》、《湘西》、《雲南看雲集》等小說、散文集。

在這裏，歷史系教授錢穆講授中國通史，在聯大期間撰寫其一生中最重要的學術代表作《國史大綱》，後被公推為中國通史的最佳學術著作。

在這裏，中文系教授、系主任朱自清講授《宋詩》、《文辭研究》等課程，並創作《倫敦雜記》、《國文教學》等散文、論文集。

在這裏，外文系教授錢鐘書講授講授荷馬史詩等課程，並創作散文集《寫在人生邊上》。

在這裏，哲學系教授、西語系主任朱光潛講授英國詩歌，在聯大期間構思《談文學》、《談修養》兩本著作，並主編《文學雜誌》月刊，成為當時最暢銷的文藝刊物。

在這裏，外文系學生、助教吳訥孫（筆名鹿橋）先求學，後留校擔任助教，並以聯大學生生活為題材創作長篇小說《未央歌》，成為現代新文學的代表作品之一。

在這裏，中文系學生汪曾祺在此求學，在聯大期間開始小說創作發表小說《小學校的鐘聲》和《復仇》，後來回憶：「我要不是讀了西南聯大，也許不會成為一個作家。」。

在這裏，哲學系學生殷海光先讀本科，後讀哲學研究所，師從金嶽霖教授專攻西方哲學，稍後撰寫《中國共產黨之觀察》、翻譯《共產國際概觀》，在聯大期間曾約同學到盤龍江裸體洗浴，桀驁不馴之個性，初見端倪。

......

六

不經意間擡頭仰天，今晚月亮真好。月有陰晴圓缺，河也是。同樣一條盤龍江，有曾經耀眼光彩奪目的盤龍江，就有悲戚不忍回首的盤龍江。

她的生命流程是一條崎嶇坎坷之路，那些河裏的魚兒和水藻知道，那些亙古喧嘩而來的河水也知道，這條河流不僅僅種植繁盛收獲榮耀，還有災難與迫害。只是她完全沒有預料得到，她那柔弱的身心會被傷害得那樣痛，那樣重──

時光來到二十世紀六十年代，一場史上空前的國家恐怖主義浩劫席捲神州大地，據說是以「文化」的名義，以「革命」的名義。昆明和盤龍江自然無從逃脫，這裏不是深圳河或是台灣海峽。

1967 年 4 月 26 日，幾萬人的武鬥場面在昆明的東風廣場和東風路展開，混亂中許多人被打死打傷。到了五月下旬，擴大為包括軍區、機關、學校、幹部、戰士、地方兩大派參與的萬人大規模武鬥。7 月 22 日，在領袖夫人肯定河南造反派提出的「文攻武衛」口號之後，昆明以「左」派自居的兩股勢力氣焰更加囂張，武鬥進

入白熱化，由棍棒發展到槍炮、手榴彈廝殺。這兩派在昆明城區和郊區由搶占制高點，發展到以消滅對立派為目的的「拔釘子」、「奪據點」、搶占地盤。

從八月初到年底，昆明發生了十多次大規模的武鬥，武鬥與打砸搶達到瘋狂程度。持續大半年的嚴重武鬥，造成上千人死亡，傷者不計其數，全市停工、停產、停業、停課，局部地區還造成斷水、斷電、斷糧，並發生阻擊旅客列車，阻斷交通，迫使對外廣播中斷等事件，深夜嘶喊哭叫之聲此起彼伏。後因昆明地區武鬥的日益嚴重終於驚動了中央，在「穩定部隊，立即制止武鬥」的批示和軍管會的主持下，昆明兩派群眾組織於 1967 年 12 月底簽署了停火交槍協議，武鬥暫停。

1967 年發生在昆明的造反派組織發起的大規模武鬥，從 4 月到 12 月，歷時大半年，時間之長、規模之大、傷亡之慘、損失之大在「文化大革命」初期均屬全國罕見。

昆明「革命群眾」的「革命行動」收獲了輝煌的「戰果」。因為被殺的「反黨反社會主義分子」實在太多，如何掩埋屍體頗令「革命者們」傷透腦筋，後來，靠近河流的造反派組織就將屍體拋擲河中進行「水葬」。盤龍江中，每天都有幾十具甚至更多的屍體順流漂下，男女老少均有，以年輕人居多，死狀各異。一時間昆明城萬人空巷，盤龍江兩岸萬頭攢動，全都圍著觀看從河流上游順道漂流下來的屍體。河裏的屍體大量漂流持續了很長一段時間，當時各種傳言四起，有人說自來水廠從河中抽上來的水裏有人的斷腿，嚇得昆明市的市民很久都不敢飲用自來水。

這是盤龍江歷史上最淒慘血腥的一幕。可是將近四十個年頭過去了，一場以法律名義對這幕反人類罪和群體滅絕罪作出的審判，她總也等不到。

那個年頭的她就像錫安的民，日夜嗚咽泣下，淚流如河。她在為生靈的不幸和慘酷的現實哀哭，而無數瞬間消逝不知因何而死的冤魂，只能悲淒地永遠沉埋河底。

沒有人聽得見河流的哭泣。

七

歷史隨著這嘩嘩流水遠去了。到了二十世紀七十年代末期，極權體制開始鬆動，盤龍江目睹了三十年紅色風暴的落幕，她終於可以喘口氣了。

可是，她的噩夢並沒有完。

隨著商品和市場的浪潮逐漸興起，中國轉型成一台龐大的經濟機器，喧轟向前。1990 年代開始，經濟巨人的步子邁得更大，盤龍江的水流已經跟不上時代的脈搏跳動。在 GDP（國內生產總值）指標考核體系的指揮棒下，河流兩岸建築的工地、廠房、機器、高樓、汽車等各種聲響噪音響徹耳旁，而曾經喧啾流淌著的清質河水，只得沉默不語。可是當你仔細聆聽，會聽到盤龍江仍在哭泣——

大面積的建築施工直接將大量有毒害物質排入河中；

農田中含有化肥農藥等成分的農業汙水直接排入河中；

河兩岸居民將大量垃圾扔入河中；

街上的小販將大量食物及生活垃圾倒入河中；

由於在人為破壞及河水有毒的情況下，河邊植被減少，造成水土流失，大量泥沙進入河中；

……

就在我入學報到後的不幾天，《昆明晚報》上報導了這樣一則新聞：盤龍江到了廖家廟地段水質極度惡壞，許多生活汙水大量排進了河道，許多塑膠袋漂在水面。兩位正在打撈這些生活垃圾的清潔工說，他們負責的是從大花橋到霖雨橋三公里的河道清汙工作，從早上七點到下午兩點，要撈出至少四百公斤的河道垃圾。一路行來，到北二環路的油管橋，河水汙染、變黑發臭的狀況仍不容樂觀。

晚報記者的全程報導更是令人觸目驚心：行走盤龍江，從源頭到滇池，一路有清淺更有汙濁，河面上大量塑膠袋、死雞死魚、各種飲料瓶等大量廢棄物品漂浮著，江水烏黑發臭，呈墨綠色，散發著令人作嘔的臭氣。骯髒的環境，使老鼠、蚊蠅等有害動物大量孳生，河中魚蝦絕跡。汙染的河水流入滇池，進一步惡化滇池水質，用汙染的河水灌溉農田，又導致土壤鹽鹼化。

盤龍江已變得汙濁不堪，昔日的美麗不再，昔日的清澈不再。是什麼，使人類變得比石頭更硬、比獸類更狠？我們不是稱呼她為「母親河」嗎？世上豈有這樣的子女，竟如此糟蹋作踐自己的母親，讓她的面容發爛，讓她的皮膚發臭，讓她的身軀瘡痍滿目？

沒有人聽得見河流的呻吟。

八

今晚，盤龍江屏息靜氣，她能懂得一個新來的居民溫情的問候和眼神。她也定然明白我的歡喜和憂傷，我知道她將在往後的日子裏潛入到我的夢境。

我走到沿河草地一棵柳樹下，凝望著河流與河岸的撞擊處，懷想著那些逐漸被後人淡忘的先人，和那些逐漸古老的故事，感到一種時間的蒼涼。前世就是今生，今生也是來世。時光的河流已將往

事留在了遙遠的彼岸，而眼前的這條河，依然在用她那雙閱遍世事歷經滄桑的目光，打量著世間百態，注視著蒼茫遠方。可是，她的前方會是怎樣的一幅圖景呢？

　　總有一些風景讓我們欣賞，總有一段時光讓我們難捨，總有一些故事讓我們傳頌，總有一些人物讓我們神往，總有一些世事讓我們痛苦，總有一些現實讓我們無奈。好在，這是一條善解人意的河流，貧瘠的土地和焦渴的靈魂仍然需要她。她那綿長的呼吸正穿透歷史的煙雲和歲月的風雨，蕩漾在今晚風起的河面之上，也蕩漾在我的心中，會長久不散。

　　回學校吧，時間已經有點晚了。怕要走很長的一段回頭路。

六月潮聲

　　昕昕，我的孩子，如果山谷裏浩蕩的清風屏住了呼吸，如果荷塘裏的並蒂蓮正含苞待放，你可知道，那是因為它們在等候你。

　　我也在等候你。六月底的那個夜晚，那扇窄門打開了，伴隨著母親呼天喊地的痛楚和一陣清脆嘹亮的啼哭聲，你來到人世間。窗外一輪明月和眾多疏朗的星掛在夜空，止步於你的身影。你用哭聲向城市的寂靜宣戰，如同高亢的歌唱劃破沉靜的夜色。這天晚上，你最初的語言洩露了宇宙的一部分秘密，同時宣告一個初生宇宙的誕生。

　　在全人類中，我有幸成為第一個迎接你的人。當我小心翼翼地從護士手中接過你小小的身軀，我是怎樣的慌亂而又歡喜啊！你滴溜溜的眼睛不安地掃視四周，瞬間與我對視，你可記得在母腹中那九個多月裏我曾對你說過的話、唱過的歌？端詳著你，我的內心激蕩著如潮水般的感動，慢慢蔓延至全身的每一個細胞。從此後這個有了你的人間，對我來說成了一個全新的世界，你的出現給我的生命帶來了新的內容和意義，新的朝霞和夕露。

　　昕昕，你的到來使我一夜之間成了一個父親，我為此誠惶誠恐，為此感恩莫名，更為此徹底地謙卑。因為我知道，你的生命不是從我們而來，必定有其難以言說的神聖源頭。正如紀伯倫所說：「孩子們是借你們而來，卻不是從你們而來。他們雖和你們同在，卻不屬於你們。你們可以給他們以愛，卻不可給他們以思想，因為他們有自己的思想。」

　　是的，我相信。你必定是從亙古洪荒的某個時刻啟程，從永恆的河流的源頭順流而下，最後才漂流到我的懷中，然後如同一朵夏日小花，安詳地綻放在我的世界裏。你純然澄澈的眼睛予人以啟示：你屬於天國，你來自永恆，而世間我們這些平凡的人哪，必須回轉成如你的模樣，才能抵達你來自的那裏。

　　那天你乘著晚風來了，帶著夜色的溫柔，帶著初夏的清新。此生我會記得，記住那個神聖而又神奇的六月夜晚。生命，原本就是神聖而又神奇的，尤其是一個新生的生命，不是嗎？你的到來，讓我體內潛伏已久的憐愛和深情，從此傾瀉而出，乾脆而又徹底。

　　從此後有了你，我們的家變成了一座裏面有夢幻、外面有夢想的房子，一座可以放置喜樂和盼戀的殿堂。有了你，這個房子才稱得上是一個真正意義上的「家」。我們會把養育一個小生命看成是人生最重要的事、生命中最美好的歲月。而對於我來說，學習如何做一個父親，是比世上所有的人文科學和社會科學加起來都更加重要的學問。

　　自你出生以來，每次想到日後會與你有長久持續的相守，我就感到一種幸福的暈眩。當然，這全是你給予我們的，而我們，惟願能回報你許多許多的愛，加上許多許多的欣賞和鼓勵，願能給你一個歡樂不盡的童年。因為我們知道，你只有一個童年。

　　我們還知道，童年的歲月是大多數人一生中最美好最難忘的一段時光。我們會用心記錄你成長過程中的點點滴滴，我們會努力傾聽一個孩童述說的一切新奇和困惑，我們願分享你所有的歡樂和憂愁，並讓你在內心保留一份秘密。如果你也願意的話，我們會試著走近你，瞭解你和你的時代。當你長大成年，我們仍願分享你的快樂，分擔你的悲傷。昕昕，人的一生總會經歷風霜坎坷，將來如果

有日你感到無助或是脆弱，請記得你的父母與你同在，他們仍會在心頭惦念你，祈願你在人生的風雨中挺立如松。

昕昕，再過幾個月你就會呼喚你娘，這些天來你每日依偎在她的懷裏吸吮乳汁，你們母子倆親密無間。你的母親淑惠而又賢良，你會漸漸感到擁有母愛是多麼的幸福。在這份母愛的背後，是我親眼所見每日的苦辛勞碌，為此你當體貼母親熱愛母親。由此，望你能尊敬普天下所有的母親，善待日後你遇到的每一位女性，因為這個世界上的罪惡大多數是男人造成的，而女性基本上是柔善美好的代名詞。

因為你的到來，我比以前更加地關心了這個世界。但是，我不知道這個世界展現在你前方的是怎樣的一幅前景，你的未來會身處怎樣的一個時代？在這彎曲變幻的世代裏，我甚至無從預測明天。今年初夏當你的眼睛剛剛睜開的時候，二十一世紀的世界呈現在一個新生嬰孩面前的是：上萬顆核彈的威脅、恐怖襲擊的陰霾、空氣江河的汙染、災害變亂的頻生，還有數也數不清的暴戾和苦難。

更令每一個做父母的感到沮喪的，是聯合國兒童基金會每年報告裏那數以百萬計的全球愛滋孤兒、吸毒兒童、饑餓兒童的驚人數字，還有嬰幼兒毒奶粉、黑磚窯童工、豆腐渣學校、專業化拐賣販運兒童的驚天內幕。人類的貪婪和愚妄正在毒害著人類自身和億萬孩童，以及人類居住的這個星球，其中包括每一個兒童的樂園——大自然。每當想到這些，我就對你感到愧疚。我不知道生你於這樣的世界是否是一個無可挽回的錯誤？

對此，我，一個卑微的父親，感到惴惴不安而又深感無奈，只能俯伏祈禱那崇高的上帝。同時我想大聲地對全世界說：今年夏天，我將一個無辜的小男孩帶到這個世界上來，你們能否保證他免遭各種人為的侵害？可是，如果這個世界越來越深地陷入沉淪境地

而得不到改善的話，那麼孩子，這也是我們雖為之心痛卻又無能為力的現實。我只有企盼你的心靈，能在這殘缺破損的世界裏保有平安和光明。

但無論前景是明是暗，昕昕，請與我一道去愛人類，請與我一道以同情和關懷、悲憫和慈憐去對待全人類。草雖枯乾，花雖凋殘，地雖陷墮，國雖傾覆，但是心靈全憑自己，我們依然可以選擇在廢墟之上用絲弦的樂器唱我們的詩歌。我的孩子，就讓我將美國神學家尼布爾在 1934 年寫下的一段祈禱文來送給你：「我的上帝，請賜我平靜，去接受我不能改變的一切；賜我勇氣，去改變我所能改變的一切；賜我智慧，去分辨兩者的不同。」

昕昕，這個地球和地面上的人心已經被汙染，它需要你的童心和天真來拯救。你去給人類上一課吧，去告訴人類究竟應當怎樣對待同類、對待動植物、對待大自然、對待生態環境。去吧，我的孩子，用你純潔無瑕的心靈洗去他們身上的汙垢！

我們這一代人生來就註定了要被全能國家鑄造成整齊劃一的零件，我曾經為此百倍沮喪、憤而無望。如今你來了，剎那間給我帶來信心和希望，乃因生命的延續在大地上的意義勝過一切政權，龐大的帝國終究敵不過一個美好生命的誕生。一甲子的王朝代表著衰老和腐朽，初生的嬰孩則屬於光明和未來。再不可一世的紅朝帝國也終將坍塌，而那亮晶晶的童心會熠熠發光。當你長大，你必將擺脫父母這輩人的命運而站立成為一個大寫的「人」，如夜鶯般自由地在世間放聲歌唱。

六月原本是悲傷的季節，每個有良心且清醒著的中國人都會在這個月悲痛不已。如今你來了，使我今年的六月在哀傷之餘，也平添了一份快樂，我為此心存感恩。從今往後每年的六月對我來說，將不再僅僅意味著槍彈和坦克，也同時意味著蛋糕和蠟燭。

　　上個月我去圖書館特意借了台灣詩人周夢蝶的一本詩集，只因裏面有一首詩叫《六月》。其中有一段深深地打動了我：「那六月的潮聲／從不曾冷過的冷處冷起／千年的河床，瑟縮著／從臃腫的呵欠裏走出來／把一朵苦笑如雪淚／撒在又瘦又黑的一株玫瑰刺上／霜降第一夜。葡萄與葡萄藤／在相逢而不相識的星光下做夢／夢見麥子在石田裏開花了／夢見枯樹們團團歌舞著，圍著火」。

　　這是怎樣的一幅奇美幻化的畫面啊。每當誦讀這首詩，我就聯想到你，昕昕，你就是那六月的潮聲，湧動著勃勃生機，在浩瀚的大海和茫茫的浪花上此起彼伏，澎湃奔騰，一直傳遞到遙遠的望不到盡頭的天際。無論是你清脆的哭啼聲還是你揮舞的小手臂，全都是昂昂然生命氣息的明證，也全都讓我愛得心疼。

　　我願意守在你的身邊，就像海邊佇立著的一座巖石，守望你，傾聽你。我只想徜徉在那潮聲的飄蕩中，然後將你的歡聲笑語寄給我的每一個親人和每一個朋友。昕昕，給我們一些澎湃奔騰的聲音。昕昕，我們的潮聲。

香港，香港

——一個少年和一座城市的愛情

　　據說很久以前，有生命的物是在水中流轉的。而更久以前，眾水是在光與畫中流轉的。很多年前有個少年人，是在對你的夢想中流轉的。那時的你，還是孤懸南中國版圖外的一個國際城市，全世界著迷於你融匯東西方文化的華彩豐妍。少年人執著地做著夢，任由夢想的翅膀往南飛翔。那裏有生命的泉源和光明。

　　仿佛靈魂驅動著，這個夢，一做就是十幾年。夢不曾丟掉，為了一聲不可抗拒的召喚。第一次踏入你的土地，是在午後。香港，今天我向你道了聲午安，帶著我夢中呢喃千萬遍、卻從未當面向你說過的那句話，來找尋夢，來擁抱你。

　　今天我來的時候，你在等候。昨日我呼喚的時候，你在應允。我素來知道你是懂我的，一如我了然於胸你的歷史和你的文化。我也知道我們必然是從一開始就彼此憐惜的，因著你我相似的命運。一百六十多年來，香港，你在被遺棄中成長，在東方與西方的夾縫中求妥協求生存求發展。雖然獨自飄零，雖然沒有真正的歸屬，但你從來就沒有自怨自憐過，反而在歲月的風雲變幻中逐漸綻放出光芒。當年你的氣息從千里之外飄然落下，敲擊著我，震動著我。

　　百年不過彈指間，你在眼前，往事在後。獅子山下記述了你密密匝匝的往事，等待著我一一記取，這是我一生讀不盡的。香港，世事的滄桑沒有將你淹沒，動蕩的歷史沒有讓你消隱。你在苦難中蛻變，在全球進化的流變裏劃出自身的軌跡，終於演繹出一個象徵

著自由、法治、仁愛和多元的全球化都市典範。你的歷史，就是一段夢的軌跡。若不是有你的存在，我想我早就乾渴而死。我因此歡欣，也因此痛苦。

在這一長長的歷史隧道裏頭，香港，每個歷史時段來到這裏的新老移民，都像逐漸地走入了你的夢境一般，與你同舟共濟，與你一同成長，然後再也不願離開。時間來到又一個世紀之初，我帶著夢中的迷惑與少時的因緣，來和你訂一個過去與未來的約。這個約定多年來在我體內隱藏、生長，最後層層疊疊往外掙扎，披上綠葉，開出花朵。

「東方之珠，整夜未眠，守著滄海桑田變幻的諾言。東方之珠，我的愛人，你的風采是否浪漫依然？」這句話，全世界的華人都耳熟能詳，也是今天我向你提出的第一個問題。我知道，香港，就像這首歌所唱的那樣，你將會守約，你將會啟示我久違的青春，一如過去我在斑駁的年年歲歲裏對你斬不斷的根。

我還知道，香港，在過去與未來之間，我正在夢幻裏，在你的懷抱裏，與你在這造化無常的天地間相守輪回般的緣分，邁向一個只有你才知道的未來。因為有些事是命定的，一座遠方的城市，如同一個要等的人，它需要足夠的啟示與等待來交會。與一座城市的愛情，同樣可以不朽，我相信。

千年之後，江河或將奔騰，香江仍會絢爛。大地之下，我也會歡然，這塊土地，畢竟我曾經守護過，曾經看過紫荊花盛開，曾經留下過一段夢的痕跡。無疑，凡走過的，必留下足跡。凡撒種過的，必歡呼收割。凡夢想過的，必不致遺憾。對於我來說，你始終是一個燃燒著無盡能量的愛與光的燈塔。你所點起的火把，那亮光照耀華人世界並且指向黃皮膚的未來。可是今天，香港，請將目光稍稍停留，來聽一個心靈的呼喚，來看一個少年的癡情。

　　維多利亞港的波濤升起，浮浮沉沉，一如我生命旅程裏的幸福與憂傷、執著與放棄、堅強與軟弱、擁抱與遺棄。在東方與西方、過去與未來、夢想與現實之間，我一路跌跌撞撞摸索著，掙扎著，奔向你——我的香港。在這裏，有些話可以說，有些詩可以寫，有些淚可以流，有些事件可以紀念，有些作品可以發表。香港，我把想說的話語獻給你，把前面的足跡交給你。果實已經在成長，你也已經在注視。

　　維港的海浪沖到大地又回頭，大地上有生命的物回到水中，開始流轉。我回到你的注視中，也在流轉。而眾水，回到光與畫中，繼續流轉。我想知道在光與畫之外，也有流轉嗎？哦，香港，香港，往後的日子裏，請你告訴我。

讓我流連在這裏

微風在園中喚起一陣陣花浪，
就像那靜溢、柔弱的大海。
浪花在綠葉叢中流逝，
於是又出現花園和綠色的大海。

翠綠的群山向大河奔去，
只有牧童在這裏歡樂歌舞。
玫瑰花兒綻開了金色的花瓣，
給這顆童心帶來了歡娛。

花園，我美麗的花園！
你走遍天涯也找不到這樣的花園。
也找不到這樣清澈、活潑的流水，
也找不到這樣的春天和夏天。

這裏茂密的清草在向你頻頻點頭，
當蘋果滾落在草地上時，
你會將你的目光跟蹤它，
你會用你的臉龐親昵它。

讓我相信我將會到達。
讓我流連在這裏，卡美爾小鎮。

——《牧歌》[波蘭]切斯瓦夫·米沃什

41

　　卡美爾，遊子們的腳步在這裏停留；卡美爾，夢幻般的遐想向這裏凝望。來到卡美爾，徜徉在這個花園小鎮，你還想往哪裏去尋找更美麗的地方呢？

　　卡美爾，在大海附近，離天空不太遠，這裏不是天堂，卻也在天堂近郊。這個瀕臨太平洋的美國西海岸加州中部的一個海濱小鎮，是聞名全美的精品藝術小鎮。小鎮的名字很特別，不是人們慣常說的那個英文名 Carmel，全稱應是由四個英文單詞組成的 Carmel-by-the-sea，譯成中文更確切地說應該叫濱海卡美爾，或者叫海邊的卡美爾。當年取名人的巧思給小鎮平添了一份詩意，而卡美爾獨特的美相配如此美麗的名字也是名副其實。正如曾獲諾貝爾文學獎的波蘭詩人米沃什在上面這首詩作〈牧歌〉中所吟詠的那樣，「你走遍天涯也找不到這樣的花園，也找不到這樣的春天和夏天。」

　　這位出生波蘭、一生輾轉流離西方的詩人在他 49 歲那年移居美國，並任教於離卡美爾不遠的加州大學柏克萊分校，有一年春夏之交當他來到卡美爾，旋即被小鎮的風情迷倒，滿腔的癡愛深情盡付於詩中傾訴——「讓我流連在這裏，卡美爾小鎮。」

　　而米沃什的好友，另一位出生在東部城市匹茲堡的美國詩人羅賓遜・傑佛斯，則乾脆於 1916 年橫穿整個美國，從東海岸搬遷到西海岸的卡美爾來居住。傑佛斯以只關心「永恆」、「崇高」著稱於二十世紀上半葉的美國詩壇，他說他絕不會像惠特曼那樣去寫一首關於火車的詩，因為現代生活的所有側面都是膚淺、即將過時的，要寫就寫那些「兩千年來一直被人類關注的感覺，」比如愛和恨，戰爭、自由等等。可是很少寫現實世界見聞的傑佛斯，對他的定居新所卡美爾卻表現出了例外的熱情。傑佛斯留下了不少謳歌卡美爾風土人情的抒情詩，卡美爾使他激發了對自然和藝術的永恆美的熱愛。

　　後來詩評家們對傑佛斯當年從最東端的大城市千里迢迢搬家到西海岸的小鎮感到費解，他們苦苦索尋證據，終於將目光落在傑佛斯於 1914 年寫過的一首詩上，「當驛馬車自蒙特瑞（Monterey）攀上山頂，我們俯視卡美爾灣（Carmel Bay），透過青松與海霧，顯而易見，我們在懵懂中已來到必然之地。」

　　傑佛斯驚喜所言「必然之地」，正是屬於北加州蒙特瑞縣的濱海小鎮卡美爾。兩年後當傑弗斯決定搬往卡美爾居住時已接近而立之年，早已過了少年人一時衝動的歲數，那麼一定有什麼東西撞擊了詩人的心弦，讓他不可抗拒地離家奔投。此後傑佛斯愛上了卡美爾的一切，他迷醉於這裏的花草樹木、房屋建築和人文氣息，還有許多和他一樣移居來此的藝術家們的各種創作成果。如此的「名鎮詩人兩相歡」著實讓我激動不已。對於傑佛斯和藝術家們來說，卡美爾是他們的第二故鄉，也是他們的精神家園。

　　於是，懷著許久的思慕，在九月初的晚夏初秋時節，乘著假期，我開始籌劃前去卡美爾一償夙願。在網上查詢好了路線和行程，經過一番舟車勞頓，我終於來到了卡美爾。旅途雖是疲憊卻難掩我的興奮之情，而卡美爾想來也早就在平靜中迎候我。

　　如果誰在童年少年時代迷戀過文學或藝術，日後當他（她）來到卡美爾，就不會產生絲毫生疏感。因為當你湧出故地重遊或他鄉遇故知的欣喜神情，就會讓「這裏茂密的清草在向你頻頻點頭」。當一個清晰的卡美爾飽滿地呈現在我的面前，我發覺自己的視覺、聽覺、嗅覺等感官根本就不夠用，而必須不捨停歇全力運作。我一進鎮就觸摸到了海的氣味，臨海而立的卡美爾小鎮常年被海風吹拂，使得小鎮的上空閃耀著海洋的氣息和藍色的光澤。小鎮上齊整的棋盤式的街道平鋪開來，街道上處處都是翠蔓挺拔的青樹，萬卷掩映的繁花，盎然的綠意和繽紛的色彩重疊在一起，讓人強烈地感

受到踴躍著的勃勃生氣。領略此景，讓我鬆弛在這小鎮的寧美裏，心歡如兔。

小鎮中心的主幹道濱海大街（Ocean Avenue）的兩側分佈著各種式樣的建築，既質樸又雅致，規模均不算大，卻有如童話書裏的插圖上所描繪的小屋。這些小屋均是依地形而建的散發著歐陸風格的特色建築，或相隔甚遠，或彼此混雜，或依傍而立，但顯然彼此不同，因而極易辨別。就拿建築的門面、裝飾和外觀造型來說，我就看到了好多種類型，有西班牙米色牆壁、東亞雕花木窗、洛可哥風格粉色調框緣、法式鏤花鐵門、美式橘黃色古典門柱，還有以動物、植物的形狀來作建築結構設計的，真是家家品味特殊，自成一格。來到卡美爾我這才知道，建築是凝固的音樂，建築是立體的畫，建築是靜態的哲理詩。每一家都讓我駐足良久，我好似走進了幾個世紀之前的一個童話世界。我不禁呆想，眼前的某一個小屋裏會不會走出來灰姑娘和王子，還有那變成馬伕的老鼠、變成馬車的南瓜呢？

卡美爾是個很小的小鎮，這裏沒有巍峨宏大的建築，纖小和精巧是它的招牌和特色。四周看去，這裏的建築有浪漫的藝術品小鋪、溫馨的家飾店、美曼的畫廊、古色古香的古董店、珠寶店、典雅的精品服飾間、別致的音樂盒屋、柔美的花卉間、可愛造型的糖果屋、香氣濃鬱的咖啡屋、舒適的餐館旅館等。來之前一位學建築設計專業的朋友告訴我，在卡美爾你將找不到外部和內部設計風格一模一樣的房屋建築。看來她這句話說對了，我確實沒有看到兩家相同的建築，連相似也沒有。看來參差百態而非千篇一律，才是美麗的本源，也才能匯聚成一種讓人印象深刻的整體美、個性美。有了個性，建築就有了靈魂。有了獨特，建築就有了神韻。卡美爾的建築是實用的，自然的，也是美學的，藝術的，人文的，是一幅幅

充滿著想像空間和跳躍色彩的藝術作品。記不得在哪本書中曾讀到過這樣的話：上帝一次性給出了木頭、石頭、泥土和茅草，其他的一切都是人的勞作，這就是建築。可是今天，我在卡美爾所看到的似乎不是人的勞作，而是上帝的作品。

無疑，使卡美爾聲名遠揚，並使卡美爾與其他旅遊城鎮不同的最大區別點是它的藝術氛圍。二十世紀初葉有一位房地產開發商曾經在廣告語裏自豪地寫道：「此處有上千多名永久居民（據送牛奶的統計），60%以上居民從事與藝術相關的工作。」這個百分比大概在全世界的城鎮當中是最高的，卡美爾居民把生活當成了藝術，他們的身上流淌著藝術的血液，他們為藝術而生活。他們的人生是藝術的一生，他們的小鎮歷史也是一段藝術的歷史。卡美爾建鎮於上個世紀初期，到如今的新世紀初剛好一百年左右。1906 年，離卡美爾一百英里的舊金山發生大地震，許多流離失所的市民被卡美爾的美景和便宜的地價所吸引來此棲身，這當中許多人是藝術家、詩人、作家、音樂家、攝影師和演員，甚至不乏藝術文學界名流。此後慕名而來的年輕藝術家們一波又一波地移居來此。數十載歲月流變，卡美爾已成了一個洋溢著波希米亞風情的西部小鎮，彌漫著濃厚的藝術文化氣息。在二十世紀現代化、工業化、都市化浪潮的衝擊下，這些文藝界人士竭力「抗拒現代化」，講求保存古風流韻，主張回歸自然，使卡美爾呈現出與四周大都市、其他美國小城鎮截然兩樣的風貌。

也因此，卡美爾城區一直以來禁止張貼廣告、不准許開速食店、不可以有霓虹燈的招牌，甚至連裝停車碼錶都不被允許，以確保小鎮維持它的原始的、自然的特色，所以在卡美爾就算商業購物場所也糅合了園藝及藝術的雕琢。據說卡美爾附近地區的文化人藝術家們常聚集於此烤肉煎魚，暢談豪飲，縱論藝術人生。我想起傑

克‧倫敦有一部叫《月亮谷》的長篇小說，裏面就描寫了一群藝術家朋友遠離城市喧囂、驅車來到卡美爾郊遊聚會的場景。這些藝術家們厭倦了城市生活，去尋找他們心中的聖地——月亮谷，而卡美爾沒有讓這群藝術家們失望，它讓他們在這裏得到身心的解脫。中國近代畫家張大千也曾在卡美爾的郊區居住了八年，當地風景影響了這位國畫大師的畫風，尤其是潑墨山水畫的風格，張大千甚至還給自己在卡美爾的住處取了一個很有禪意的名字「可以居」。

正是因為對城市文明和工業文明的抵禦，對自然和藝術的堅守，使得來到卡美爾的幾代藝術家們從城市的擾攘和人生的憂愁中走出來，活出生命，活出風格。卡美爾的風情使他們像海洋一樣思考，像樹一樣感受。在卡美爾街頭，我就看到好幾位佇立作畫的畫家，還有專注於攝影的攝影師，看到他們正凝神於創作，我不由放慢了腳步。

這個充滿藝術氣息的小鎮，註定了卡美爾居民有別於現代化社會造就的心腸剛硬、毫無靈性、想像力匱乏的「理性人」。卡美爾居民鍾情創新和夢想，充滿詩意和靈性，是我們這個物欲貪婪世界所缺乏的「人性豐膽」的人。比方說，我觀察到卡美爾有個別致任性的地方，小鎮上家家戶戶門前所寫的不是門牌號碼，而是主人的名字，如「索非亞的家」、「瑞恩之屋」，甚至有「魅力的仙女」、「天真無邪的人」之類的，這真讓人莞爾。這樣使郵差沒辦法投遞信件上門，而卡美爾居民也樂於親自到郵局去取信，取信件之餘碰頭寒暄，小小的郵局也成了熱鬧的文藝沙龍。

聽說最近卡美爾居民又以絕對多數票否定了郵局要他們加門牌號碼以方便投信的議案。另外還有一件有趣的例證，當地曾出台一關於女子的高跟鞋的法令。因小鎮建在山林上，路上鋪有細碎的石子，女子穿高跟鞋走路較為危險，故當地於 1963 年通過法案，

女子穿高跟鞋者出現危險一概本人負責，在某些地段和氣候下穿高跟鞋者係違法。可這項法案據說並沒有得到居民的配合，卡美爾女子情願冒著危險踩著高跟鞋吃力地走路，窈窕搖擺出女性的風情。還有十幾年前有一本風靡全美的暢銷書《廊橋遺夢》，書中的女主角低音提琴手弗朗西絲卡正是來自卡美爾小鎮，或許正是因為攜帶有卡美爾的基因，使女主角上演了一出浪漫而不失優雅，熱烈而又灑脫，短暫而又漫長的驚世戀情。

步行，是遊覽卡美爾小鎮的最好方式。九月的陽光明媚卻不強烈，大概不是週末或假期的緣故，遊人並不太多。隨手取了份擺放在路邊的小鎮導覽地圖，上面有眾多店鋪的名字及出售物類型。我真是歡喜，這裏每一間店鋪簡直就是一處藏寶閣啊。每家商店的特色不一，但大都是素人設計師的特別作品，大批量生產的商業性產品在這兒不多見。精品店的門面全都維持著小鎮的特有風格，也就是木門、格窗、平房的波西米亞藝術風味。無論是在繁華的街中心，還是在不引人注意的角落，總能尋覓到令人賞心悅目的小物件，小首飾、水晶飾品、手工音樂盒、魚狀雕刻、琉璃葫蘆寶、顏色斑斕的香水瓶、水彩風景畫……精緻的物品琳瑯滿目，在檸檬黃色柔和的小店光線底下顯得更加別致，每一件都是頗具特色的藝術品。偶爾有小店老闆走過來跟我閑聊幾句，告訴我最近一階段卡美爾有哪些文藝活動，或有關旅行之類的話題。我挑了幾件水晶工藝品，準備帶回去擺放在書桌上伴我日後秉燭夜讀。

更使我心醉神迷的是卡美爾的畫廊，那些綻放的畫，足以讓每一個遊子的心戰慄。卡美爾如今僅有四千多人口，小鎮中心連大街小巷只有四分之一平方英里，卻擠滿了一百多家畫廊，基本上是三五步一畫廊，真可謂鎮中有畫，畫在鎮中。畫廊裏有展售關於當地風景的靜物畫、風景畫或其他題材的油畫、水彩畫，也有黑色及彩

色的水墨畫，抽象畫、影像繪畫，這些畫廊裏不乏當代實力派藝術家的精品力作，甚至有繪畫界大師的名作。最特別的是有些畫家本人就駐守在畫廊裏，一邊作畫，一邊同時賣畫。走進一間間畫廊，猶如進入一個個藝術殿堂，面對那麼多儷人入骨的美術作品，想不暈眩，實在難哪。

我進入一個有著很長英文名字的畫廊，看到了心儀的十七世紀歐洲巴羅克畫派幾位代表人物魯本斯、倫勃朗、委拉斯蓋茲、凡·戴克等人的油畫、版畫、素描、肖像畫、靜物畫、風俗畫、宗教繪畫，這些畫作色彩明快、運動感強、強調光影變化，著眼於生命力與感情的表達，反映文藝復興時期美術的高超技巧及人文主義思想的獨特風格呼之欲出。遺憾的是，我沒能尋到張大千的潑墨或潑彩山水畫，不知道這些畫廊中有沒有展出。

餘光中看到宮粉羊蹄甲花的秀逸皎白時曾感嘆「艷不可近，純不可瀆」，而我在眾多幅畫的面前徘徊了許久，體認到的同樣是藝術的「艷」和「純」，直到看得絕望了，這才肯離去。藝術創作的精神，在於孤獨二字。難怪許多藝術家都情願隱居到這個小鎮和海邊作畫或創作其他類型的作品。瞬間我腦海閃過一個念頭，藝術家是孤獨的，看畫人又何嘗不是孤獨的？尤其是在這個北美的邊陲小鎮。一度我死守在各樣舒展開的畫作跟前，感覺卡美爾小鎮上只剩下了我一個。在這個小鎮，隨手摘下的一片樹葉也是一個藝術的主題，因此就連樹葉同樣也是孤獨的。

出了畫廊，來到一個街心公園歇息定定神。園中花木扶疏，亂石點綴，幽雅靜美。有兩個家庭的人鋪開地墊，邊吃零食邊聊天，幾個孩童在跑鬧著嬉玩。我信步閑逛，不經意間走到公園的角落，只見有兩個不到一米高的墓碑座落在公園南側的綠地草坪之中。我蹲下去仔細端詳，只見其中一個是二戰紀念碑，上面鐫刻著兩行英

文字「紀念那些在二戰中獻出生命的卡美爾軍人」，其下刻著二十名軍人的名字、軍種、犧牲年份，是 1943 年到 1946 年間的四個年份。另外一個是韓戰紀念碑，其上鐫刻著「紀念被遺忘的戰爭——韓戰，1950 年 6 月 25 日－1953 年 6 月 27 日，向那些英勇戰鬥在艱苦的環境裏、為自由的事業獻出生命的卡美爾軍人致敬！願上帝保佑他們。」

　　這兩塊墓碑是我來之前所不知道、所沒有預料到的，也不在我的遊覽計劃之中。我呆怔地坐在這兩塊墓碑面前，想像著五六十年前一些卡美爾小夥子扛著槍走上戰場，將年輕的生命留在了異國的土地上。在抵抗二十世紀人類的兩大極權災難——納粹風暴和共產政權面前，卡美爾人沒有缺席，他們像熱愛藝術一樣去捍衛自由。可是該死的戰爭吞噬了他們，墓碑地下的戰士們再也無法在自己的家鄉藝術小鎮過上平靜的生活，慢慢安詳老去。在這個隱匿於鬧市的墓碑和亡靈面前，強烈的反差使我對自由、藝術、暴政、戰爭的課題多了一層直觀的思考。假如沒有戰爭，今天或許已是老年人的他們會向我這個遠來的遊客問聲好、表示歡迎呢？想來人類需要用藝術和文化的神性的一面，去克制人的暴虐和專制的獸性的另一面，來阻止人類往背離文明、踐踏自由的方向下墜。卡美爾小鎮所代表的自由、自然、藝術、文化的特性需要長存於世，需要向外延伸。

　　天色已經漸漸暗了下來，我也準備回到住處了。卡美爾的街道上，店鋪大多都關了門，但許多店鋪裏面還閃爍著淺暗的燈光。此刻，在卡美爾深沉的暮色中，在初訪這座小鎮的頭一天夜晚，海潮聲如輕柔的音樂，在小鎮的上空迴蕩著，又像一曲長長的童年時百聽不厭的動蕩心腸的兒歌。微涼的海風追逐著我的身體，流連徘徊在秋夜的卡美爾小鎮街頭，我忽然生出一種錯覺，又像是最真切的感覺到，我並非是在旅行，而是重返了自己的故鄉。

收藏門票，珍藏歲月

　　雲遊四方、縱情山水，對我來說是個與生俱來的夢。因著這個夢，這些年來遊覽了不少的風景名勝、名山大川、園林古跡。每次回來，凡是到過的旅遊景點的門票我都要悉心收藏。久而久之，我對門票的收藏竟然小有成就，從最初的幾張累積成了現在厚厚的一大疊了。

　　迷上門票的收藏有好多年了，記得還是十幾歲時在蘇州讀書的時候，一次外出旅遊，小小的一張公園門票讓我產生了濃厚的興趣，從此便下決心要收藏各式各樣的門票。

　　那是一個秋日週末的下午，一個人跑去遊玩心儀已久的座落在姑蘇城西郊的寒山寺。購票入園出示門票進入後，正要隨手扔進入口處的垃圾箱時，驀然發覺手中的這張紙片上的圖案竟是如此精美，我不由仔細端詳起它來。

　　這張門票長方形狀，寬四、五公分，長十多公分，門票底色為淺藍色，左下方可見黑瓦黃牆的寺廟圍牆，左上方環繞著參天古樹，右上方分明是那名聞中外的六朝古剎寒山寺，與一座楓橋遙遙相對，橋下是涓涓流水，好一派江南風光。右邊三分之一從上到下寫著大號宋體繁體字「中國蘇州　寒山寺　參觀券」，門票的背面則是蠅頭小楷，上書唐代詩人張繼的名詩《楓橋夜泊》和寒山寺內的景點簡介。其上還有一句佛語「梵音海潮音，勝彼世間音」，我曾在同學借給我的一本《法華經》上讀過它，我原就十分喜愛這句話的精妙之意趣，今日有種重逢的喜悅。看到手中的這張門票如此美觀精緻，再也不忍心丟棄，於是細心收起將它帶回。

　　往事如今憶起，一晃已過去許多年了，頓感在歲月與年華之中時光飛逝之快。現在回想起來，不知道當初那張小小的紙片打動我的，是圖案的精美，是鐘聲的悠遠，是千年古剎的流風餘韻，是「江楓漁火對愁眠」的空靈飄逸，是「得山靜聖、清淨無穢」的佛家文化，還是那不識愁苦滋味的少年心情？

　　打那時起，我就和門票結下了不解之緣。無論外出去什麼地方旅遊、出差或求學，我都會將各種景點的門票帶回收藏，收藏門票成了我外出旅行一項必不可少的功課，在忘情於山水之間的同時平添了另一份樂趣。和家人、同學、朋友結伴同遊，保存的則是好幾張。有時收集到一張圖案、色彩及意境俱佳的門票中之佳作，會使我一連歡喜好幾天。熟悉我的朋友出門旅遊時，也不忘了專門為我保留好門票回來送我。隨著年華與歲月俱增，我的收藏成果日漸豐碩。

　　到如今，我已收藏了三百多張不同的風景、古跡、公園的景點門票，大多是紙質的，少數為磁卡、塑膠的，形狀各異，有長方形、正方形、梯形，甚至有小冊子的。門票圖案上有山水、原始森林、瀑布、野生動物、石柱、亭台樓閣、歷史人物，或展現出山川河流的秀麗風光，或體現出園林寺廟的巧奪天工。殊不知這小小方寸之間，學問大著呢，它融繪畫、攝影、美術、書法、歷史、詩詞、篆刻文化藝術形式於一體。在愛它的人眼中，實在是一件精美的藝術品，可以當作寶貝似的愛它。

　　眾多的門票當中，我的最愛是家人幾年前去台灣講學、順道遊玩了故宮博物院帶回送我的門票，其上的翡玉白菜凸出畫面，栩栩如生，令人愛不釋手，朋友見了均嘖嘖稱奇。這些門票被我精心地收藏到精美的相冊之中，不時取出幾張擺放在書桌前，在讀書的間隙可以時常看到它，讓一種溫暖湧上心頭。在每張門票下方用彩色紙片記錄當日旅行的簡短經過、感受或途中趣事等。

每當我從俗情事務中歸來，總愛拿出來觀賞一番，仔細品味。一時間，我仿佛走進了山水，走進了歷史，從小橋流水人家的江南水鄉，來到天高地闊的彩雲之南。我可以與金戈鐵馬的歷史人物相伴，可以品味一代英烈譚嗣同無力回天的壯志難酬，讓五千年的山河大地和滄桑歷史滋養著我。

一提到山水，總會想起清初文學家張潮在《幽夢影》中的名句「文章是案頭之山水，山水是地上之文章」。對我而言，我書桌上的門票就是我的案頭之山水啊。我記得十七世紀歐洲巴羅克藝術的代表畫家魯本斯說過，他把世界的每一塊地方都看作是自己的故鄉。我很喜歡這句話，雖然我走過的地方沒有魯本斯多，可是我對那些所到之處的愛不比魯本斯少。門票就是證據。

這些我收藏的寶貝，儘管它們已是殘缺的身體，已經失掉了光澤，也有時間磨損的痕跡，但它們是我生命的見證，為我捕捉了一個個難忘的瞬間。每次翻開它，剎那的電光劃亮了記憶，一段段塵封在記憶深處的往事泛濫開來，那是親情、友情、愛情、鄉愁、走過的地方，經歷的歲月，更是生命的一段歷程。

生命是一場旅途，每一段人生都彌足珍貴。捨不得忘記，那就收藏吧。

第二輯

生命的火焰

傑克‧倫敦生命中的兩團火焰

　　美國傳記作家歐文‧斯通所著《傑克‧倫敦傳》一書的封面上，最吸引我的不是傑克‧倫敦的照片，而是傑克‧倫敦照片上下方的兩團火焰。這兩團蓬鬆而舞的紅色火焰，似乎正是傑克‧倫敦一生生命流動及命運磨盤的象徵。

　　傑克‧倫敦四十年短暫、傳奇、狂野、豐富的人生歷程，像一顆彗星劃過美國文學史的長空。而出現在他生命中的這兩團火焰，就像古希臘哲人赫拉克利特所說的「萬物由火而產生，又復歸於火」，成了命運之神對傑克‧倫敦的一個讖語，讓我們既驚奇、愉悅，又惋惜、哀嘆。第一團火焰熔鑄出了傑克‧倫敦的文學成就，推動他不斷攀越事業高峰，創作出一部又一部的文學力作而達致人生輝煌；第二團火焰則在一夜之間燒掉了傑克‧倫敦多年來的夢想，使得他一蹶不振，最終早逝於英年。

　　第一團火焰是傑克‧倫敦血管裏流淌奔騰的火焰。作為一名現實主義小說家，傑克‧倫敦被文學評論界公認為有著「火一樣的性格」。這傢伙雖然小時候家境貧困，童年時缺少歡樂，小小年紀就開始謀生，而後嘗遍生活的艱辛，可是他卻一直「胸中藏著一把火」，有著超乎常人的生活熱情和寫作熱忱。雖說從少年時起就立志於文學，但出身底層的傑克‧倫敦總是喜歡一種粗獷強烈的生活方式，總是不斷渴望著新的冒險和火熱沸騰的生活。

　　胸中有團火焰的傑克‧倫敦似乎只有在各種各樣的生命體驗嘗試中才會感到愜意。從自幼當童工掙扎在街頭，到後來奔波在戰

場，漂泊在海上，跋涉在雪原，最終潛心在書房，傑克·倫敦把冒險中的困難當做享受，把拓荒中的遭遇當作歡樂。滾燙的熱情和豐富的經歷使他寫出了氣勢逼人、血脈噴張、充滿元氣和動感力量的作品，迎面撲來的火氣會緊緊抓住你的眼睛。是的，傑克·倫敦的文學成就和多彩人生，源自其體內一直燃燒著的一股熱情，一團蓬蓬勃勃的火焰。

第二團火焰是傑克·倫敦三十七歲時遭遇的一場突如其來的大火。這場火災將傑克·倫敦耗費多年心血、託付其終生夢想的新居毀於一旦。這個新居，就是大名鼎鼎的狼巢（Wolf House）。傑克·倫敦因善於描寫狼、得了一個「狼」的綽號，因此他命名自己心愛的居所為「狼巢」。

傑克·倫敦於 1910 年三十四歲時來到月亮谷定居後，決定傾其所有建一座「歷萬世而不倒」的巨宅，為此他請了當時舊金山著名的建築師奧博特·法爾進行設計。這是一座四層高、住宅面積一萬五千平方英尺、有二十六間房間、九個壁爐、一個室內游泳池的巨型住宅，或者說，是別墅。所有的牆壁都由本地的紅火山石和紅木築成。在狼巢前面，傑克·倫敦豎立了一塊牌子，上面寫道：「我將建築我的夢想之屋，如果上帝允許，這座建築將矗立於世，跨越千年。」

不幸的是，就在他準備搬進狼巢入住的前夜，一場起於半夜的大火將狼巢燒得只剩下斷壁殘垣。這場無情的大火對傑克·倫敦造成重大打擊，使他肝腸寸斷，從此一蹶不振。他一度借酒澆愁，服用嗎啡，在苦悶、頹廢和沮喪中難以自拔。三年後，年僅四十歲的作家就駕西而去了。留下來的，是十九部長篇小說、一百五十多部短篇小說、三個劇本及眾多隨筆論文。

這兩團火焰之所以吸引我，是因為它們非常形象地揭示了傑克·倫敦的作品魅力和他死於盛年的原因，展現了傑克·倫敦一生

中既頌讚生命、對抗命運、又在命運之前有種悲傷無力感的矛盾兩面。

偉大的文學需要激情。讀傑克‧倫敦的作品，你會感覺到這位文學家的心裏仿佛有座火力發電廠，蘊藏著可源源不斷向外輸送的熱量。說來好笑，我第一次讀傑克‧倫敦時那年，大陸正流行台灣歌手費翔的歌，年少的我當時固執地認為費歌手那首歌裏的歌詞「你就像那冬天裏的一把火」，寫的肯定就是熱情如火的傑克‧倫敦，而且他倆都來自美國加州。

加州小子傑克‧倫敦常常將書中人物置於極端嚴酷、近乎殘忍的惡劣環境之下，透露出筋肉暴突的生活氣息和陽剛之氣，讓主人公在與寒冷、饑餓、傷病、野獸和命運的生與死的抗爭中，展現出人性深處那些閃光的東西，展示出生命的詠嘆曲與人性的堅韌、頑強和偉大。這些悲壯的故事，這一曲曲生命的讚歌，是一種處在極限中的頑抗，一種張揚的進取，一種奮力的狂奔，在「嚴酷的真實」中撼人心魄，緩緩眩目你的心魂。無論是著名的《熱愛生命》、《野性的呼喚》、《海狼》、《白牙》、自傳體長篇《馬丁伊登》，還是短篇小說《一塊牛排》、《北方的奧德賽》、《月亮谷》等作品，當我們沉浸其中的時候都會被一種炙熱的生命感牽動著。傑克‧倫敦用他火一般的熱情訴說著：生命是光輝火熱的，是堅韌不可垮掉的！

傑克‧倫敦曾寫道：「我擁有的一切使我感到生活著的快樂，滿懷著夢想和神奇。我是一切陽光，空氣和火花，我是充滿激情的有機體。」火焰般的激情透過文字表露無疑。世上大多數的作家大多是或熱情澎湃或憂傷自憐的文弱書生，要麼是感傷的善於傾訴的夢想家，只能在書齋裏構思空想著外面的世界。可是這個不安分的美國作家真的如同荒野中的一匹狼──不但能在書房裏夢想，而且還投身於行動──到廣袤的世界去經歷千難萬險。他自己砍伐木

料，自己造了幾條船，十歲時到白令海北冰洋一帶去狩獵海豹和蠔，二十一歲時去靠近北極的阿拉斯加的育空河淘金，二十八歲時赴非洲採訪波爾戰爭及遠東採訪日俄戰爭，三十歲時駕著自己的船航行去往非洲、朝鮮、日本、澳大利亞及南太平洋做環球旅行，目標是環繞地球一周！

作家本來就是人群中的奇人，那麼傑克‧倫敦堪稱奇人中的奇人。從紙上的世界到真實的世界，傑克‧倫敦的生命旅程是拼盡一生的探險歷程，稱得上是作家中的冒險家、文學家中的探險家。或許他的冒險人生比他的小說更加曲折離奇動人，他對待生活的熱情比他的文學作品更加有魅力。

有段時間我在讀了一些傑克‧倫敦的作品之後，更感興趣的是他的海上冒險故事，於是到處搜集這方面的資料，他那不顧一切的探險精神大大地激發了我對生活的熱情。拋開他的文學成就不談，我認為傑克‧倫敦的熱情本身即已經是人類精神史上的永恆遺產，傑克‧倫敦的人格本身就已經具有相當高的審美價值，可以傳頌品味千年。這團熾熱的火焰像一個精神的太陽，帶著強光充滿他的身心，在他的身體內部燃燒。這團火燒得他熾熱，燒得他湧動，燒得他奮發，燒出了他對文學充沛的激情，對人生濃鬱的愛戀，及對生命和命運的頑強抗爭。

這第一團火焰留給了世界一個文學史上的不朽傳奇，第二團火焰卻將這個傳奇驟然間劃上了一個句號。我深深地為傑克‧倫敦那所被烈火吞噬的狼巢而惋惜，更深深地為傑克‧倫敦的英年早逝而痛惜。

這場大火的起因一直以來是個世紀之謎。有人懷疑是傑克‧倫敦曾開除的一位農工所為；有人懷疑是他的一位親戚所為；有人認為因他支持社會主義及其政黨遭人忌恨所致；有人認為是因夏季的

高溫，促使其屋內的油漆等化學建築材料起了化學反應、自燃起火所致，總之各種說法都有。最終在火災後八十多年的 1995 年，由加州大學聖荷西分校的一個由十位教授專家所組成的刑偵鑒定小組得出了結論。他們用現代科學刑偵方法對狼巢起火的原因進行多學科的考證，最後認定狼巢起火原因是由於當時八月山上的高溫，引起了屋內堆放的化學物質自燃所造成。這一定論讓全世界的狼迷們一直以來懸疑的心石暫時落了下來。

但我還是不甘願。我更加關心和迷惑的是，傑克‧倫敦為什麼將這所狼巢看得如此重要，看成是自己「終生的夢想」？難道一所房子比他那些耗費半生的文學創作成果還要重要嗎？為什麼他希望建一幢讓後人看到的永遠屹立不倒的城堡，難道他不相信自己的作品是傳世之作可以長傳於世嗎？一個作家的文字才是他（她）的安身立命及聲譽之根本，至於他（她）的房子，又有誰會在乎呢？

並且，傑克‧倫敦不是最信奉「在命運的悶棍之下，我流血了，但絕沒有低頭。」這樣一句詩句嗎？傑克‧倫敦不是不停謳歌那種奮鬥不息、追求冒險、崇尚科學、熱愛生活、熱愛生命、對抗命運的不屈不撓的精神嗎？為什麼一場火災就能徹底讓他垮掉？難道這把火就這樣燒掉了他的創作之源，就讓他的文學寫作事業嘎然結束在盛年？看起來，這位人類文學史上最堅強的大腦之一在一夜之間失去了生活的熱情，沒能從廢墟上重新塑造人生，沒能像他千百次的跌倒了又爬起來那樣，沒能撫平生命中的創傷，反而滑入命運的淵藪。這又是為什麼？

作為狼迷，我的這些疑問在歐文‧斯通的這本傳記裏沒能找到答案，我得承認這個世界上有許多我所無法尋求答案的疑惑。也許傑克‧倫敦本人沒有他的小說那麼好讀好懂。對此，美國和其他國家的歷史學家和文學評論家進行了長期的研究，也提出了一些頗有

見地的見解，但似乎總不能讓人滿意。也許，傑克·倫敦其人本身便充滿著難以調和的巨大矛盾，這位作家的心中除了火焰之外，還有一個充滿了矛盾和衝突、痛苦和孤獨的內心世界。也許，儘管超人哲學在傑克·倫敦的思想體系中占據著重要的地位，儘管擁有超越常人的堅強精神，但傑克·倫敦畢竟不是超人，他也是一個普通人。意志再堅強的普通人也有著難以排解的內心矛盾和痛苦，在同環境、困難和命運抗爭的時候也同樣有著灰心和沮喪的時刻。

可是我發現，傑克·倫敦就算沮喪也會用如火的熱情將之層層包裹起來，非仔細端詳根本看不出來。我在這本傳記中傑克·倫敦寫過的一段話面前注目了許久許久：「我寧可燒成灰燼而不願化為塵土！我寧可讓我的柴火化作熊熊火焰，而不要幹癟腐朽。……我寧願化作一顆超級流星，讓每個細胞都發出異彩，而不作一顆沉睡的恆星。我不應該浪費我的時間只是為了活得更長，我必須利用我的分分秒秒。」這段話有種悲劇英雄安排自己謝幕的意味。難怪傑克·倫敦早在四十歲還不到就給自己選擇了墓地，還早早就給妻子留下了遺囑：「如果我先你而行，請將我的骨灰葬在開發加州的拓荒者兩個孩子的墓邊，上面就滾壓一塊狼巢廢墟上的紅火山石。」

我突然意識到，傑克·倫敦像極了古希臘悲劇中的英雄，那些有著堅強不屈的性格和英雄氣概、卻總是在與命運抗爭的過程中遭遇失敗的悲劇中的英雄主人公！他的身上有種濃重的古希臘式的悲劇味道。或許我們需要將傑克·倫敦熱情的一面暫時放一放，走進傑克·倫敦作為一個普通人的心靈世界，體味傑克·倫敦的苦悶、孤獨、徬徨和絕望，這樣傑克·倫敦才能夠作為一個活生生的人在我們心中，在後世的讀者和人們心中復活。

因此，親愛的全世界的狼迷，當你想起第二團火焰將傑克·倫敦心愛的狼巢燒成灰燼後一蹶不振，苦悶、頹廢和沮喪隨之而來，

最終在不惑之年隨風而逝時，請你在和我一樣心痛不已之後一定要咬緊牙關，固執地重複那部傑克‧倫敦名作的標題——熱愛生命、熱愛生命、熱愛生命、熱愛生命……然後繼續閱讀他，疼惜他，喜愛他，不要埋怨他，同情地回憶他，批判地接受他。幸好，雖然第二團火焰將他摯愛的狼巢燒成灰燼，將他本人化為輕風，但第一團火焰帶來的他那眾多的文學作品畢竟還是留了下來。那些作品會在我們的心頭灑下一縷溫暖的陽光，在我們面對無法掌控的命運面前灑下一團不熄的火焰，歷經百年依然光彩照人，火光沖天。

歌德的逃走

　　在近代哲學的故鄉德國，如果說曾經有哪一位文學界的人物卻被眾多的哲學家們不約而同地加以研究的話，無疑是歌德。在世界各國的文豪中，如果說讀者在欣賞其作品之外，長期以來最能引起人們的興趣去探索作家本人人生的經歷和一生的意義的，無疑也是歌德。

　　這當然不是巧合。只因為在人類文學史的長河中，歌德的出現對文藝復興之後近代人的心靈生活和人生問題有著多重的哲學啟示，歌德的生平確實也是異乎尋常的豐富多彩，令人忍不住一窺究竟。每當觸及歌德這個名字，我都會立即聯想到畫家徐悲鴻的一幅幅「奔馬圖」，在我的腦海裏隨之閃現出一個「奔跑者」的形象——一個雙腳用力踩在兩個世紀的文學巨人，在他的生命旅程裏不停地向前奔跑。

　　作為一位策馬狂奔在十八世紀和十九世紀兩個世紀的大地上的時代弄潮兒，歌德經歷了歐洲的狂飆突進文學運動時期、浪漫主義文學時期和啟蒙運動時代，他本人則在那個大動盪大變革時代的風雲激盪中不斷變換人生角色，從一個戰場不停奔赴下一個戰場，並且在眾多領域成就斐然：作為詩人、自然科學家、文藝理論家和政治人物，歌德是當時魏瑪的古典主義最著名的代表；作為詩歌、戲劇、小說和散文作品的創作者，歌德則成為馬丁・路德之後創新德國文字、以及將德國文學提升達至歐洲文學先進水平的重要人物。這個來自緬因河畔法蘭克福的孩子從小就對媽媽說將來要有一

番作為，所以當他長大成人後從不願暫停留戀於人生的任一階段，而是盡力像個運動員似的不停撒腿奔跑。歌德曾借他筆下最著名的主人公浮士德將死前所說的話，道出了他的「奔跑者」人生觀：「在前進中他獲得苦痛與幸福，他這沒有一瞬間能滿足的。」

但是，作為一個以「文學」安身立命的人，歌德因為在「文學」之外從事過多份職業，涉獵過多個領域，執著於多項事務，經歷過多段戀情，而被許多的歷史學家評價為太過於「不安分」。他們認為，倘若歌德終生專攻於文學領域，文學成就定然會更大，他本人重要的詩劇作品《普羅米修斯》也不致於整個劇本到了臨死時也還沒有寫完。文學評論家則進一步分析，歌德寫作與眾不同的特點，即通常會將已經開頭的作品先擱置幾年，甚至是數十年之久，若干年後再繼續完成，這恐怕也是因為歌德「不安分」的念頭太多，以至於在創作上「分心」的結果。更有不少普通人對歌德荒廢太多的時間和精力在許多不相干的事情上感到惋惜，像繪畫、政治事務、研究地質學、動物學、植物學等等，特別是他竟傾注心血進行了數十年的色彩學研究。一言蔽之，想必歌德因為血管裏流淌著太多的「不安分」的因數，使得這位「文學家」在他的人生征程中常常走岔了道路，迷失了方向。

所幸的是，歌德終生都相信「人在迷途中努力，終會尋著他的正道」，他將自己生命中的「迷途」和「錯道」看成是通往「正道」的必經之路，看成是他活出超卓人性所必須完成的功課。

一個多世紀之後，當我們仔細審視歌德波瀾起伏的一生，我們對他奔跑在人生旅程中常常踏上「迷途」卻還能結出豐碩的人生果實終於恍然大悟。沒有別的，只因歌德在其人生中經歷「迷途」和「錯道」之後總能作出一個毅然決然的決定——那就是歌德生命中歷次的「逃走」。

　　歌德歷次的逃走，要麼是當他沉浸於一段人生歷程將要失去自己時，主動地猛然離開，決然的突圍，再返回他自己的中心，走他當行的道路；要麼是當他感到自己承受的壓力已經超出容忍的限度，覺得有很多東西自己已經扛不下來，再也撐不下去了，而必須趕緊逃開。我們看到——

　　在居所上，1768 年，十九歲的歌德因為疾病的侵襲和初戀的挫折，從學習了三年法學和詩歌藝術的萊比錫逃回他的故鄉法蘭克福。1776 年，二十七歲的歌德因為對德意志的司法實踐產生懷疑，離開了他實習於帝國最高法院的地方韋茨拉爾，逃到小城魏瑪。1786 年，三十七歲的歌德逃脫魏瑪政務的纏身，倉促地離開祖國，逃往義大利，開始他為期三年的義大利之旅。1788 年，三十九歲的歌德因為身體的損傷和愛情的打擊，從義大利又逃返德國。

　　在事業上，歌德先從文學逃入法學和政治，後來又從政治逃入科學，最終還是逃回到他魂夢所系的文學中去。

　　在愛情上，歌德歷次逃開他的情人弗利德里克（牧師的女兒）、夏洛特・馮・施泰因（宮廷命婦）、夏綠蒂（公使館秘書卡若安的未婚妻）、薛麗莉（法蘭克福銀行家的女兒）、斯祖瑪諾夫斯卡（波蘭鋼琴家）等人，然後，將他神魂牽蕩的情感經歷和飽滿的愛戀情愫訴諸筆端。

　　在生命哲學上，早年信仰西方文明之自強奮鬥精神的歌德，到了老年時由西方文明逃入東方文明，在印度、中國和波斯的樂天寧靜的東方文明智慧裏頭流連徜徉。

　　這一次次的逃走，讓歌德一次次的新生，讓歌德每次在遇到生活事業愛情的「瓶頸」時，均能從容地走向「柳暗花明又一村」，也讓他在「迷途」中的經歷得到豐富和提升，更讓他不斷地去開闢生活的全新領域。這一次次的逃走，使得歌德將他每一段的生活經

歷都作為下一段人生的「厚積薄發」，將自己任何一階段的人生都熱烈得綻放，為這個世界端出了一台人生盛宴，最後完成他博大的人格。這一次次的逃走，象徵著歌德在他人生各個階段的一遍遍嘗試，讓同時代人及後人看到了人類生活的無數可能性，正如歌德在《浮士德》中詠嘆的：「我要在內在的自我中深深領略，領略全人類所賦予的一切。最崇高的最深遠的我都要瞭解。我要把全人類的苦樂堆積在我的胸心，我的小我便擴大成為全人類的大我。我願和全人類一樣，最後歸於消滅。」

回顧歌德的一生，我們發現他的生命歷程粗略地可劃分為幾個時期：從少年詩人時期，轉變為中年政治家時期，然後過渡到老年科學家思想家時期，最後以文學家的姿態在人生舞台上謝幕。而他每段時期的作品，前後之間可以依稀尋覓出內在的連結。歌德歷經了時代理想幻滅、英雄人物墮落衰亡、自由平等博愛的理想淪為暴民政治之笑談的時代，於是他反省時代也反省自我，經由人生幾十載不停的逃走，與此同時也是不停的追求，使得他的人生愈加複雜也愈加矛盾，像他躬逢的時代般複雜矛盾。

從現在回過頭看，歌德生命中歷次的逃走，對於歌德來說稱得上是一個必然的抉擇。舉個明顯的例證可以看得出來：1775 年，歌德因在事業和愛情上陷入恐懼，於是他在當時創作的劇本《斯台拉》中表露心事：「這種環境會窒息我所有的力量，奪走我靈魂的全部勇氣。我必須離開。」這年夏天，歌德逃離法蘭克福去往魏瑪。確實，一生闖蕩於時代激流中的歌德唯有將自己重新「歸零」，重新出發，從劃上一個休止符到彈奏全新的音符，他才能夠不致於被風暴捲走，也才能再度吸取一個創作者所需要的生活養分，將追求藝術獨創性的探索精神不斷煥然一新，不斷捕捉他身處時代的捉摸不定的脈搏。所以歌德的生平給與我們一種永遠新鮮永遠青春的感

覺，就這個意義上說，既是時代造就了歌德，也是歌德的獨特性格造就了「另一個自己」。

相信沒有人會否認，假如沒有歌德，十八世紀和十九世紀的德國文學乃至歐洲和世界文學均會失色許多，而這在很大程度上要歸功於他歷次的逃走。於是，生命不是固守自封，而是不斷「尋找」自己，不斷「形成」自己的一個過程。歌德的逃走並非是逃離了人生，而是要繼續地經歷整個人生各樣的形態，之後在「人生下一站」筆底如泉湧不可遏止，將人生經歷轉換成優美的文學形式，進而在世界文學領域熠熠生輝。

美學家宗白華青年時期曾留學德國，宗先生在五四新文化運動後不久曾向年輕人提倡「以叔本華的眼光看世界，以歌德的態度做人」，引起學界關注。在我看來，所謂「歌德的做人態度」，概括起來也就是歌德式的勇猛精進、敢於超越、不斷轉化並重新定義自己的個體自由精神，甚至可以說，就是一種在生命中不斷逃走、永遠前進的人生態度。就文學領域來說，「歌德的態度」與荷馬、但丁、莎士比亞等世界級文豪的不同之處，正在於歌德不單單是用文學作品來啟示生命之要義，他還通過自己身體力行的生活實踐來展現人生博大精妙的意義所在。當時光來到二十一世紀，相信「歌德的態度」仍會啟發你鼓舞你，讓你看到生命的深度和人類生活的無窮可能性。可是，別忘了歌德曾經反覆強調的那句話——「各種生活皆可以過，只要不失去了自己。」

中亞一帶的遊牧民族韃靼人在戰爭中咒罵敵人時，通常會拋出一句咒語：「願你永遠停留在一個地方。」永遠一成不變、困守一處或困於一個角色，真是對生命的一個咒詛。世間每個人的一生就像奔騰的大海般時有波峰時有低谷，很少有一帆風順的人生。在我們每個人的一生中會面臨很多的關口，需要我們靜下心來思考下一

步何去何從。當生活中遇到停滯不前的狀態或者走入「迷途」的時候，這就需要重新審視一下自己，突破重圍，找到人生新的發展出路。也許每一代人中，只有少數人能夠突出重圍，能夠盡力完全實現人類的才能，而大多數人由於天性中的惰性使然，不敢突破自己，不敢抽身離開而後重新整裝出發。不過這並不要緊，正是這少數人將人類推向前進，並且使生命彰顯了價值。他們在我們生處的這個世界上留下了奔跑者的不朽足跡，讓我們不得不在心生敬意之餘時時回望，進而在追尋解析中去做那道對生命進行追問和自我追問的人生必答題。

1832 年 3 月 22 日，奔跑了一生的文學巨人在魏瑪與世長辭。這位在兩個世紀裏讓整個歐洲仰慕敬重早已成為半神的高大身影，就這樣在早春柔和的陽光中永遠地走進了歷史。在他去世前一年最終完成他的代表作戲劇《浮士德 II》之後，他曾在日記中寫道：「主要的事業已經完成」。第二年開春，他就站到了天堂門口，輕輕地叩門，請求這裏安置他永遠前進的靈魂。

這是他平生的最後一次逃走，他將再不返回。

他要逃離到一個永恆的地方，他相信自己有資格進去，所以用一首詩對天堂門口的守衛者說：

> 「請你不必多言，
>
> 儘管讓我進去！
>
> 因為我做了一個人，
>
> 這就是說曾是一個戰士！」

（寫於 2009 年 6 月 10 日至 11 日，離歌德誕辰兩百六十週年還有兩個月十七天。）

最是激情少年歌

在中國知識界的譜系中，原北京大學哲學系教授宗白華是與朱光潛、鄧以蟄、馮友蘭、湯用彤等學者鴻儒齊名的中國現代美學的學界泰斗，是「融貫中西藝術理論的一代美學大師」。在中國讀者大眾的印象中，宗白華是那位「漫步於未名湖畔的美學老人」。可是在我的閱讀視野裏，早期作為哲人和詩人的宗白華，要比人到中年之後大半生專治美學的美學家宗白華更讓我心往神馳，「五四」時期的楞小子宗白華也比幾十年後那位弛聲走譽的美學老人更有魅力。

上個世紀八十年代初，年逾八旬的宗白華圓了他畢生的夢：老人將他一生最精要的美學篇章匯集成書，即後來為人熟知的《美學散步》，分別在大陸和台灣出版（上海人民出版社和台灣洪範書店出版）。在 1980 年代整個社會「文化熱」尤其是「美學熱」的社會氛圍之中，這本書的問世恰逢其時並傳頌一時，評論界更是不吝讚詞：「這是一代美學宗師宗白華先生的代表作，也是他生前惟一一部美學著作。任何一個愛美的中國人，任何一個熱愛中國藝術的人，都應該讀這部《美學散步》。」十幾年前，當我在一個海邊漁村第一次接觸到宗白華的系列作品時，首先閱讀的正是這本《美學散步》，它給我帶來一種藝術上智性上的愉悅。但我得承認，或許是個人閱讀品味的緣故，這部美學經典對我的撞擊力趕不上宗白華的「青春文體」，也就是他在二、三十歲時發表的幾部早期作品，它們是：《三葉集》（1920 年出版，宗氏二十三歲）、《歌德研究文

論》（1933年出版，宗氏二十三歲）、《流雲》詩集（1923年出版，宗氏二十三歲）。

這幾部現在看來不無稚嫩的作品大多完成於1910年代和1920年代，這是宗白華一生最具光芒和鋒芒的時段。他在轉入1930年代以後，學術取向和學術思想為之一變，人生也自此分成截然分明的兩段：從一位激情的哲人兼詩人，轉向一位恬淡的體驗美學家。此後的大半生，與大多數書齋型學者一樣，宗白華度過的是專攻美學的純粹學者生涯，平靜而少有起伏，與年輕時代激情四溢的他判若兩人。

也難怪，青年時期的宗白華親歷了整個五四新文化運動，那個群情激蕩的思想啟蒙時代。當近代中國新型知識分子群體隆然亮相歷史舞台、致力於推進古老民族改造再生的時候，作為接受新思想薰陶的新一代學人，宗白華怎會置身於外而不躬體力行？正如宗白華的弟子、當代學者劉小楓回憶他的導師時說：「宗白華等無數『五四』一代漢語知識分子，曾經以自己青春的激情，憑依學術研究的手段，反抗過在這個世紀中發生的意義毀滅和意義顛倒。」

當五四新文化運動的浪潮席捲二十世紀初的中國大地時，年輕的宗白華全情投入。1918年冬，他參加籌建「少年中國學會」，一個「五四」時期很有影響的全國性文化組織，並成為《少年中國》月刊的主要撰稿人。1919年夏，他受聘上海《時事新報》副刊《學燈》擔任編輯、主編，將哲學和文藝的新鮮血液注入《學燈》，使之成為「五四」時期著名的四大副刊之一。我們慶幸在時代大潮中，宗白華尋找到了展現自身激情和抱負的舞台，並作了淋漓盡致的發揮和表達，他於1919年7月在給「少年中國學會」同仁康白情的一封書信中發出這種激情，其中宣稱：「我們青年的生活，就是奮鬥的生活，一天不奮鬥，就是過一天無生機的生活。我們的將來是

創造出來的，不是靜候來的。現在若不著手創造，還要等到幾時呢？」

　　這一段參與「五四」的經歷將宗白華早年信奉的「運動哲學觀」凸顯無遺，而五四新文化運動本身的激揚進取的時代特徵也同時堅定了他的這一哲學觀。在「傳統中國」暮氣沉沉的柔性文化面前，在民國初年時局的動蕩和人心的渙散面前，五四一代學人以「少年中國」的勇氣和銳氣，引進西方文化中的崇尚力量、衝創精神和個體自由精神以圖自救。而以「少年中國」的青春活力去批判傳統文化的宗白華就是其中的一位。他從二十世紀初尼采、狄爾泰、西默爾、奧依肯等哲學家為解決現代性的精神危機問題發展出的「生命哲學」思想體系中吸取養分，尤其是柏格森的生命哲學，著力以「尚力尚動」的嶄新哲學觀去觸動傳統文化的神經。1919 年前後，宗白華在與朋友的往來書信中（後來被集結成《三葉集》一書），他談得最多的就是青年的人生觀問題，他熱情地向人推介生命哲學，力主一種樂觀向上、愛和生命力、奮鬥和創造的生活。《三葉集》的篇章字裏行間湧出來的，正是這種宗氏「運動哲學觀」，旨在以此喚起國人的生命熱情，改造衰靡的老大中國，建立強健的「少年中國」。我曾經和一位學長聊天時說過，提出能否將之稱為宗白華的哲學版「少年中國說」，他聽了不置可否地哈哈大笑。

　　卸任《學燈》編輯之後，宗白華遠渡重洋來到了近代「尚力尚動」文化精神的故鄉──德國去求學。留德期間，他不但親身體驗到生命哲學的魅力，熱烈地愛上了歌德的「浮士德精神」，還上溯到康得、歌德、叔本華等德國文化界先輩的哲思，並提出「以叔本華的眼光看世界，以歌德的態度做人，以康得的真善美相諧調治學」。這期間宗白華發表的一系列論述歌德的文章（後集結成《歌德研究文論》一書），窺探出歌德一生的勇猛精進，呈現出「平生

異常豐富」的無數歌德的圖畫，並概括總結歌德的生命情緒為「以動為主體，完全是沉浸於理性精神之下層的永恆活躍的生命本體」。用他自己的話說，就是希冀帶給中國讀者一個「西方文明自強不息的精神」之典型。

從少年宗白華滾燙的胸膛傳出的聲音中，我們聽到的是動感的激越，是比呼喊更加震撼人心、令人永生難忘的聲音。這聲音不是諂媚的阿諛，不是怯懦的順服，而是激昂的抗爭，而抗爭的聲音是千萬年來人類歷史最有力的聲音！歌德少年時反抗十八世紀一切人為的規範和法律，宗氏少年時反抗的是綿延千載到直到二十世紀之初傳統中國的精神流弊。

相比前兩本書，1920 年代初期宗白華創作的大量白話新詩（而後結集成《流雲》詩集）顯得更有藝術感染力。這是他一生唯一的詩集，雖然這部詩集在中國新詩史上的地位及在詩壇上的影響並沒有達到重量級的層次，但宗白華本人卻十分珍視這部詩作，他曾對友人說希望讀者能將之與他的美學哲學著作一起閱讀。我可以想見詩人在無詩時代創作實踐新詩的艱辛與執著。身為學者的宗氏在詩歌這一領域求新探索的努力，更值得我們用心去聆聽。

鼓吹生命哲學和浮士德精神的宗白華是個充滿智性之力的哲人，而同時期吟詠詩句的宗白華則是個擁有激情之魅的創造者。他將哲人的思考轉化成具體的形象，以自身的靈感觸動人們的心弦，以藝術的氣韻賦予古老的中國以血性。在《生命的流》一詩中，宗氏如此吟唱：我生命的流／是海洋上的雲波／永遠的照進了海天的蔚藍無盡。／我生命的流／是小河上的微波／永遠的映著兩岸的青山碧樹。／我生命的流/是琴弦上的音波／永遠的繞著那松間的秋星明月。／我生命的流／是她心泉上的情波/永遠的縈著她那胸中的晝思夜潮。

在創作新詩的同時，宗白華也發表一些關於新詩的評論，闡述他在詩學上倡揚的「人生的光和愛和熱的鼓吹者」的詩學觀，他這樣描述：「向來一個民族將興時代和建設時代的文學，大半是樂觀的，向前的。……所以我極私心祈禱中國有許多樂觀雄麗的詩歌出來，引我們泥途中可憐的民族入於一種愉快舒暢的精神界。從這種愉快樂觀的精神界裏，才能培養成向前的勇氣和建設的能力呢！……我自己受了時代的悲觀不淺，現在深自振作。我願意在詩中多作『深刻化』，而不作『悲觀化』。寧願作『罵人之詩』，不作『悲怨之曲』。」

宗白華的這句「祈禱中國有許多樂觀雄麗的詩歌出來」最令我動容。由詩評到自己創作的新詩，宗氏在《流雲》詩集裏表現出一種古典的激情，希冀以藝術的清泉洗滌傳統中國的汙垢。詩成了宗白華抨擊和抒情的載體。那些詩在時代的天空中迴蕩，熱情在他的胸腔裏，青春在他的詩行裏。

這幾本書均出版於上個世紀初，至今讀來依然動人心魂。我相信每位讀到青年宗白華這些作品的讀者，也會感到思緒的翻騰、身心的躍動，一如現今依然激動不已的我。在他的字裏行間處流連，我們感到他不僅擁有明澈的哲思，還擁有充沛的激情，並且兩者沒有彼此抵牾。我們更感到宗白華竭力推崇的晉人之美的「精神上的大解放，人格上思想上的大自由」依稀閃爍其間，從他的筆尖流淌出來的情感，斷斷不會因為歲月流逝而消退。正如我們每個人曾經或現在擁有的青春，作為重要的一段生命歷程會永遠也難以忘懷。

今夜我的抬燈下打開的這本書裏頭，八、九十年前宗白華點燃的激情依然在書頁裏熾烈地燃燒，每一行字都在安詳地講述著一個啟蒙時代的故事。那是近現代中國精神史上最自由最熱情的時代。我們因此說，五四新文化時期是熱血青年的時代。而五四時期的宗

白華正是激情的化身，當他的人生際遇恰逢這樣一個時代，他敞開雙臂奮力擁抱了那個時代。這是他青春激情的收獲，也使他的身影與那個時代一齊閃耀在我們民族的文化史中。

註：宗白華（1897-1986 年），原名宗之櫆，字伯華，出生於安徽安慶，祖籍為江蘇常熟，美學家、哲學家、詩人。被稱為「中國現代美學的先行者和開拓者」。

笑對死亡，擁抱生命

農曆新年的晚上，從書櫃裏取出《包可華專欄》來讀，就像是乍暖還寒的早春裏的一縷陽光，這顆樂觀的心靈再次給寒夜孤燈下的我帶來歡笑和慰藉，在歡笑中又略微帶點感傷。世間已無包可華。去年的一月中旬，包可華帶著病痛走完了他八十一年的歷經坎坷卻始終樂觀的人生。轉眼間，上個月已是他的一週年忌日，我不知道在這個新年裏有多少人會想起這位曾享譽美國逾半個世紀的幽默專欄作家。或許對於一個作家來說，紀念他的最好方式就是重溫他的作品。

與傑出的德語詩人里爾克同時代的小說家卡夫卡說過，「你在有生之年便已經死了，但倘若你有幸飲了里爾克這脈清泉，便能夠死而復生。」這句話，同樣是我每次捧讀包可華時的內心感受，也是對於包可華「這脈清泉」——傾盡生命所開創的充盈著生命激情與活力的文學作品的恰當評價。

提到包可華，人們立即會想起他那幽默絕倫的媒體專欄，還有他那叼著特大號雪茄、笑口常開的招牌形象。而包可華讓我感佩的，除了他那融時評的幽默與雜文的辛辣於一體的文風，還有他面對死亡時的從容自若與詩文灑脫。包可華終生在談笑間針砭時弊，像總統、各國政客、商界名流、黑手黨頭目、大壟斷企業、好萊塢大製片家這些權貴名流，全都被他的一支生花妙筆弄得灰頭土臉，他的存在讓權勢階層恨得牙根癢癢，卻也奈何不得。在他的人生末期，他也沒有放過生命中的最後一個對手——死亡，他幹了一生中

77

最後一件漂亮的活兒，就是爬起來戰鬥，在走向死亡的途中「眼界始大，感慨遂深」，然後在去年冬日的夜晚，瀟灑地轉過身去把歡笑帶進天堂。

包可華生命的最後一年是在華盛頓的一所末期病人療養院裏度過的，雖說他的健康因為中風、腎衰竭逐漸地走下坡路，又面臨步步逼近的死神，他依舊選擇作戰，讓死亡為生命作證。他一點兒也沒有對生命的將盡發出哀鳴，反而和這個名字叫做「死亡」的對手開起了玩笑。他一如往昔地和前來探望的友人調侃著，「我從來不知道逐漸死去是那麼好玩的事」、「死亡不難，難的是讓醫療保險公司理賠」、「我得走了，命長了，又得為陷入伊戰泥潭的布希先生擔驚受怕」。

他還親自策劃自己的喪禮及追悼會，在其晚年的文章中輕鬆談及死亡，譬如說「我總是反覆夢到自己在華盛頓杜勒斯國際機場大堂，看到航班表，天堂在最後一個入口」。還有一句話堪稱經典：「生活是一所學校，愛是老師，做作業時不要懷有恐懼，死亡只是從學校畢業而已。」

更妙的是，前年七月，他在末期病人療養院中預錄了新聞短片向讀者道別，在片中說：「各位讀者，我是包可華，我剛剛死掉。我來到這個世界是為了讓人歡笑和思考，如果你能讓人笑和思考，你就得到了所有想要的愛」。畫面上是一張老人燦爛的笑臉。

毫無疑問，只有熱烈地謳歌生命才會如此瀟脫地面對死亡，只有熱烈地愛著人性的真善美才會如此徹悟地笑對死亡，也只有認真地思索死的問題才能塑造出一個前所未有的靈魂——自由的靈魂。包可華這些兼具幽默和哲思的話一定會讓千萬名讀者會心一笑，進而引發對死亡、對生命的思考。人們很難想像寫出這些話語的是個被鋸掉了一條腿、重症纏身、躺在病榻上的八旬高齡老人。

這位老人是那麼豁達，他沒有任由死亡掐住他的脖子，在他的談笑之間，死亡已不再是死亡，而變成了一種盡情欣賞的美麗景觀。在死亡的權勢面前，生命不再荒蕪，不再悲涼，可是靈魂、尊嚴和人性卻被逞嬌呈美。在我看來，他論述死亡的文章之文學價值並不遜於其在五十六歲那年獲得普立茲新聞獎的評論作品，它們帶給讀者的實在是一次更富魅力的文學閱讀的震撼和愉悅，它們展現了一種堅強的生存方式，一種別樣的赴死姿態，讓人在愉悅中體會到生命原本可貴。

感謝台灣已故作家何凡先生的傳神翻譯，把包可華的專欄轉換成了方塊字，給了我許多個美妙的閱讀辰光，使我清晰地觸摸到了一顆快樂而又機智的靈魂。去年冬天，他終於離我而去了，我早就知道他一定不會讓我失望。儘管醫生下了死亡判決，儘管被病痛折磨地死去活來，他在經歷死亡臨近的淬煉之中依然迸發出敏捷才思，結出他文學生命中的最後一顆果實也是他的最後一本書《Too Soon to Say Goodbye》，向世人做了一個詩意的道別。這確是一個以文學為生命的純粹文人，文學的命運就是他的命運，他也得以死於不死。這樣的死，其實就是無限的活。我知道他有這樣的自信——他將死去，而文學將永存。

從他臨終前的最後一本書名，我們看出他將自己的生命化作一個思想的問號橫亙在世人面前，讓後人得以帶著人生的困惑去與人類史上一位優秀的文化靈魂展開對話。也許生命的意義要由死亡來剪綵，生命的高貴也必須在思考死亡中才能顯現。一旦思考死亡，生命的淒美和悲歡方能進入思想的境界。思考死亡，不是喪鐘為每一個人而鳴，而恰恰是人類的絕處逢生，人類才因此能夠直接面對靈魂。每一個生命個體唯有直面死亡才能豐富生命得享自由，一個自由的人也必定是一個思考死亡的人。死亡真是文學哲學藝術的福

音。看吧,思考死亡不但沒有摧毀包可華,反而使他變得強大起來。他在病院中曾對病友華萊士說,他希望能留下「歡樂」於人間。想想看,沒有了包可華,這個世界少了許多的生趣,這是一件多麼令人頹喪的事。杜思妥也夫斯基曾經借著名的「地下室人」之口這樣自我表白:「要不世界完蛋,要不我沒茶喝?」我想說,世界完蛋吧,而我要永遠有包可華可讀。

　　人生在生命旅程中邁向死亡,人類在追求生命中陷入死亡。每一天世界上都有十幾萬人死去,在百分之百的死亡率面前,所有的人都是失敗者,這確實令人萬分沮喪。但這就是人類的命運,這就是人生的困境,這就是生命的無望,沒有人有辦法改變這個人生最真的事實,死亡印證了人類的無知和卑微。於是,生命成為一場心靈的地獄之旅,一幕徹頭徹尾的悲劇,生命必將在極不情願而又無可奈何中以死亡拉下帷幕,人類千萬年來懷著巨大恐懼和激烈反抗在對死亡的戰鬥中還是以戰敗告終。連被稱為聖哲的孔子被弟子請教到死的問題時,也只是支支吾吾地回答道「未知生,焉知死?」藝術巨匠達芬奇說:「我們老是期望未來,可未來只為我們預備了一件事──死亡。」哈姆雷特向著自己內心發出的那一聲艱難的疑問「活著還是死去,這是個難題?」,同樣也問得一代又一代台下的觀眾們面露惶恐。從此,天空和大地之間總在回蕩著這個千古詰問,這幾乎是一個同人類自身一樣古老的話題。

　　自古希臘哲人柏拉圖以降,哲學的主要使命就是思考死亡問題。可在當今這個哲學和文學讓位元於物理學和分子生物學、物質世界高速旋轉的後現代消費主義時代,人類在天地間縱橫馳騁步履匆匆卻無暇仰望星空,以至對自己的前行方向也迷惘不清。去年的冬天,我們看到了一位文學家那樣淡定從容擁抱死亡,甚至用一種浪漫別致的方式。想想我們這個世界上如今到處都是亙古未有的生

命的飄零、心靈的蒙塵、靈魂的不安、價值的顛覆，而平日裏我們對自身生命變得有些麻木、沒有了對生活的熱情是件多麼可笑的事。

有人說，最高的思想是包含著歡樂的思想。或許可以說，最高的死亡是包含著歡樂的死亡，它用精神創造，將心跡袒露，最直接地把握住了生命。還是《哈特福德新聞報》評論說得好：「如果人們可以選擇體面地買單離去，包可華方式是一個榜樣。他向我們展示了如何活得有熱情，死得有尊嚴。」我們今天回味這句話，見證了一位人類靈魂世界的歌者、目擊者與生命的高蹈者，不僅為了懷念，也是為了慰藉我們自身與他有著同樣惶惑的精神歷程，然後意識到自己是幼蟲，應盡力長成為天使般的蝴蝶，最後坦然自若地飛去接受審判。

（寫於 2008 年 2 月 16 日，包可華逝世一週年零一個月。）

註：阿特・包可華（Art Buchwald，又譯阿特・布赫瓦爾德，1925-2007 年），
　　美國專欄作家。

讓思想來治療憂傷

在 1970 年代初中國文革鬧得最兇的幾年裏，米歇爾·福柯走出書齋，致力於各種社會運動，他的身影頻頻出現在法國一次又一次的學運、遊行、靜坐、抗議人群中，甚至還兩度下了監獄。這位法蘭西學院的思想體系史教授撩起衣袖怒奔在街頭，投身到支持學生罷課、聲援監獄暴動犯人的人權、要求維護移民和難民權益、督促政府無條件釋放政治犯等社會運動事務上。

這種社運活躍人士的客串身份，讓這位學者能以直觀的感受，去思考權力運作緣何在東西方盡都失控，及隨之而來的囚禁、馴服與懲戒的文化變遷問題。這些思考化為文字成了福柯 1970 年代最重要的一部著作——《規訓與懲罰——監獄的誕生》。在那個慘淡的年代，福柯的這部代表作與我一同來到人世，伴隨著痛苦的孕育過程和世事的動盪紛擾。

若干年後，我那可愛的戴著一副碩大眼鏡的哲學教授方先生在課堂上掛著馬列經典選讀必修課的羊頭，幹著吐沫橫飛兜售福柯反叛思想狗肉的勾當，讓倫理學和法學兩個專業的學生辛勤地豎起耳朵。這給我們的課堂營造了一個獨特的學術氛圍，也給了我一次演化自身人文感知並且重新認識世界認識自我的機會。如果說這是一種來自造化深處的機緣，我會信。

尤令我感興趣的是，這個年輕時在巴黎高等師範學校讀書時患上嚴重憂鬱症、無法正常生活和社會交往、得靠心理專家專人看護、甚至多次企圖自殺的法國大學生，人到中年卻開掘出在整個二

十世紀極富挑戰性和衝擊性的一系列學術主題，並持久地影響著時代精神，甚至還在社會運動的副業中盡顯剛健剽悍。轉變如此驚人，憑什麼？

　　當我日後讀到胡適記於 1956 年某天日記中的一段話「除了思想，什麼是我？」時，答案飄然而至。思想家的思想就是他的抗憂鬱藥物，就是百憂解、克憂果和安慰劑。福柯用他的思想療傷止痛，進而蛻變，也與後現代社會重新簽約。他的一生在思想的隧道裏奔馳，從歷史的角度思考哲學思想，又用文學的筆法表達哲學思想。福柯一生譽謗並存，許多人對他倍加頌讚，也有不少人對他激烈批評，可是沒有人可以完全忽視他在現代思想史上的存在。這個人的憂傷，這個人的頹廢，這個人痛苦掙扎的靈魂幾十年來被世人不停地議論著，到了全球化時代，當我們審視上個世紀思想史時，發覺還是無法繞過他。

　　在奇崛人物層出不窮的思想界，福柯仍算是一個奇才，一個怪人。他的奇在於他總是對一些從未被別人系統研究過的話題感興趣，總是要超越人們的常規看法。他的怪在於一生大部分光陰活在後現代社會的發達國家，卻偏要以獨特的思維跟現代化和現代文明對著幹，現代文明史到了他的筆下竟成了另一種形式的遠古時代史。這種奇特這種怪異，放在常人的社會裏，他將孤獨寂寥難獲接納。放在天然要求具備批判性和創造性思維及反獨斷的探索精神的思想界學術界，卻讓他備受矚目光彩奪目。

　　也正因為此，我們說福柯是一位極具批判性的思想家，他以鮮明的態度批判既定觀念，持一種既反本質主義又反形而上學的立場，同時提著思想的長矛跑步前進刺向成見的堡壘。堡壘之一是酷刑在十八世紀下半葉西歐和俄國的廢除，西方過去一般都對這種歷史上刑法新時代的來臨高聲歡呼。福柯並不否認這一變革的進步意

義，但同時指出歐洲各國新的極刑工具——斷頭台的採用，及東方許多國家幾十種處死技術和各種酷刑的仍未廢止，是不人道的和殘忍的。福柯宣揚，即使是在懲罰最卑劣的兇手時，他身上至少有一樣東西應該受到尊重，亦即他的「人性」。人們絕不應對一個罪犯，哪怕他是一個叛逆或怪物，使用「非人道」的懲罰。

堡壘之二是十八世紀後期歐洲刑罰廢除了公開示眾和體罰折磨，轉而用監獄代替，以前西方從來都是從人道主義的角度去解釋。福柯並不否認人道主義在這一轉變中的因素，但他認為還有其他更深層次認知上的動因。福柯很仔細地剖析現代監獄成為刑罰主要手段的原因，他以十八世紀著名的「全景敞視監獄」為例，來說明一種從經濟成本上計算精良的刑罰措施。這種監獄中獄吏和囚犯的位置使得囚犯無法得知看守獄吏是否在中間的堡內，所以他必須時刻注意自己的行為，好像監視是不間斷的，這樣就可以用少量的人手控制大量的囚犯，從經濟成本上很合算。就是說到了十八世紀末期，權力階層披上人道的外衣，內裏僅是學會了懲罰的經濟學而已。

堡壘之三是當佛洛德創立精神分析學，隨之產生現代的精神病院之後，人們認為開始把瘋人與罪犯分開當病人看待，這是一種治病救人的人道主義，瘋癲被視為一種精神病得到了正當的治療。福柯可不這麼看，在巴黎高師就深研精神病學和精神分析學的他，在細致研究了當代法國精神病學專家治療瘋癲的典型例子後得出結論，使用厭惡療法比如說使用冷水浴的方法，或者對瘋子進行懲罰直到他們學會模仿普通人的行為，都是在用恐嚇的方式及重複的暴行對待病人。這些方法「殘暴和殘酷」，是在行使一種不恰當的審判和懲罰，對瘋癲者的壓制就是剝奪人的自由的表現。

堡壘之四是現代人沾沾自喜地認為人類步入現代社會，顯示了擺脫愚昧落後的文明進化的演變軌跡，以及現代社會權力運作打著

的代表正義的旗號。福柯特反感這個,他選取監獄和瘋人院作為研究對象,將它們看成是現當代社會的縮影或象徵,得出結論現代社會組織並不只是人群的聚集,其功能並非對付自然災害或動物,而主要是為了對付「人」,尤其是屈服於權力之下的平民。現代社會貌似理性的組織制度設計,實質卻仍是用規訓控制人的身體和人的思想自由。在此基礎上,權力技術的運行發展到技術高超的地步,即擁有權力的人把其他的人群能夠當做可任意管理操控的機器。對這點福柯傾盡了平生予以抨擊。

當你讀到福柯這些極具摧毀力和震撼力的思想,要麼你認為它最有創意,要麼你認為它離經叛道,反正他從來沒有打算過要維護什麼意識形態或者理論教條。福柯在對現當代社會的觀念完成致命一擊的同時,像所有思想家那樣,最終又落到人本的關懷上來。他捍衛的是活生生的人,特別是那些社會邊緣人,那些被遺棄的人,在監獄中受苦的犯人,被不恰當治療的精神病人,底層社會中的人。

正如福柯所說,現代社會是一個規訓機構,我們每個人的精神都受著秩序制度的馴化和束縛。我們無從逃避或者另選生命時空,我們的精神都在憂傷。為此他不會去嘲笑瘋癲,更痛恨規訓,也因為他曾經患有嚴重的憂鬱症,曾經被迫轉到一所嚴格的天主教學校接受一種「可怕的折磨」。

我相信後來是思考讓他的靈魂重生,思維帶給他的生活以樂趣,思想給了他一顆充實的心靈:相信自己,也相信人類。我相信福柯在批判社會的同時,骨子裏是對人類保有希望的,相信人類能夠走出規訓,正如相信自己能夠走出憂鬱症的陰霾一樣。因為思想可以彌補人類社會和人自身的傷痕,成為健全社會健全個人心智的一幅有效藥劑。難怪另一位同樣是思想家的古希臘哲人會說:「寧願做一個痛苦的思想者,也比做一頭快樂的豬幸福。」正是因為福

柯的生命經過思想的浸潤，才能終於走出憂傷，然後在二十世紀人類思想史的天空中，留下他曾用力刻劃過的痕跡。

註：米歇爾‧福柯，又譯為米歇爾‧傅柯（Michel Foucault，1926-1984 年），法國哲學家和思想系統的歷史學家。

你會使頑石哭泣

——讀齊克果《懼怕的概念》和《致死的疾病》

是誰，在那風雨飄搖的時代，潛心躲進書房長年寫作，在人類思想的河流裏盡情遊騁？翻開人類的哲學日曆，是誰從不願將自己求索哲學的思想成果寫成哲學理論，只想以文學作品的形式表達，但後人卻仍視其為存在主義的先驅？

又是誰，當國家奉行政教合一、宗教與國家政權和民族文化結為一體，個人意識被淹沒在群體觀念之中的年代，身為一個基督徒，卻用他那清麗的文筆，激烈地批評國家教會，譴責自己的時代，摧毀一切據稱為牢靠的東西？誰的靈魂終生被憂鬱和不安所占據，卻通過自身體驗發現了這種文明時代的通病，進而為人類的基本處境及人類精神的健全而苦心焦思？

就是那個人，齊克果，丹麥的局外人，哥本哈根城中的蟄居者。他的時代，是十九世紀上半葉。

對於如今的丹麥來說，在哲學和神學上，齊克果幾乎是這個北歐國家的唯一驕傲。作為十九世紀最純粹的新教神學家，一個自稱基督教信仰的衛士，你很難將他對信仰的虔誠，與他聞名於世的「叛逆者」形象聯繫在一起：雖然年少時曾負笈德國，但在當時歐洲盛行的黑格爾哲學面前，齊克果的態度是，我要摧毀它——他既不喜歡這位「普魯士國家的忠僕」，也不能認同這種哲學對具體人生的苦悶和痛苦存而不論，更指斥其是「用思想整體來犧牲個人、使人非人化的哲學」；雖然甫一出生就受洗成為教徒，但對於丹麥教會

作為國教的至上權威，他竟發出了公開的挑戰──你們違背了基督教的崇高理想，他說，教會當局應當進行懺悔。丹麥人啊，請停止參加官方的公共禮拜，退出教會吧。

這就難怪了，一部思想史貼在齊克果身上的標籤是：最具反叛性的哲學家、最具懷疑性的神學家。我們通常會認為思想史上的叛徒總是強者。可現在幾乎所有關於齊克果的文字介紹，都將他刻畫成一個從外表到心理都並不怎麼剛強的人──自小體弱多病，先天駝背跛足，性格憂鬱內向，脾氣孤僻怪異。那麼，這樣一個羸弱的人，為何體內蘊聚著一股非同尋常的能量，敢於挑戰那強大的正統哲學理論和國家教會？執著於在著述中有意識地對抗自己時代的主流思潮和傳統？他內心那反抗的火苗如何能夠騰空而起，進而驚擾時代的夜空？

答案是，這顆曾經飽受創傷的心靈，在經歷了幾番掙扎和風暴過後，已經長成如橡樹般無懼於時代的風霜雨雪。他試圖用自己的反抗和質疑，去救贖這個貌似文明的世界。這個著述頗豐的人，盡管生前受盡國人詆毀嘲弄，在他死去的時候其著作也很少有人問津，其思想不為世人所理解，可他依然自信：「雖然在我的時代無人理解我，我終將屬於歷史」。半個多世紀後，歷史還了他一個公道──他的思想成果被認為是診治人類精神領域問題的良方。

多年前我在大學的二樓圖書館裏被一本書深深吸引，書裏面的一段話語讓當時處於失意的我如飲甘泉：「我的生命開始於一種令人驚駭的憂鬱，這種憂鬱早在我童年時就已驚惶失措於它最深的基底。我不敢相信我能消除我的本質中這個根本的悲慘困窘，在這種情況下，我攫取了永恆，並極度幸福地確定：上帝的確就是愛，即使我必須在整個生命中承擔痛苦。」

　　接著還有一段：「人類的非凡之處就在於選擇，也就是自由。而關鍵是要找到對我而言是真理的真理，找到我願意為它而活、為它而死的觀念，我會透過內心最深的熱情去攫取，並且將它緊抱不放。」書的作者是一個當時於我有點陌生的名字——齊克果。

　　我就懷著這樣的驚喜和感動闖入了齊克果的世界，我們相遇在我的大學圖書館的書架面前。好似經過了很多年的相識相知，這位將近兩百年前的丹麥人喚醒了我深埋於心的長久的疑惑，也重燃了我一度冷卻的熱情。哥倫布發現了美洲新大陸，我發現了一條走出困境、追尋真理的路徑。離開圖書館時，我的書包裏多了兩本新借的書——《懼怕的概念》和《致死的疾病》。

　　這兩本書分別描寫了齊克果認為的人類存在論的兩種狀態——焦慮和失望，但他的文字卻沒有流露出驚恐或者頹廢，行文略顯晦澀卻仍不失閱讀的美感和奔放的文思。或許，這與他的人生經歷、生存體驗，和他的「我忘卻了生活的痛苦，我被思想層層包圍」的獨特感受有關：

　　他的父親是一位篤信宗教的商人，這個小齊克果眼中「最憂鬱的人」給家中帶來了憂鬱、壓抑的氣氛和嚴格的宗教教育。「瘋狂的、殘酷的」宗教教育方式既使他成為終生虔誠的基督徒，一個早熟的、憂鬱的兒童，又在他的內心深處種下了叛逆的種子。家庭的陰霾、憂鬱性情的繼承、親人的接連離世，使少年齊克果戴上了沉重的精神鐐銬，他的一生就此蒙上了陰影。他這樣自白：「從孩子的時候起，我就處於一種巨大的憂鬱的威力之下」。而當時的丹麥連年戰亂，時局動盪不安，處於民族歷史上的陰影時期。這個可憐的小男孩一邊感嘆「我的出生是犯罪的產物，我是違反上帝的意志而出現於世的」，一邊時常感受到死亡的寂靜正向他周圍逼近，仿佛他的一生都在贖罪，他已別無選擇，除非長大後——成為一個最接近上帝的思想者。

所以我們不難理解，齊克果不僅將焦慮和失望──這兩種情緒視為他個人的命運，而且理解為是人類的基本處境。他在《懼怕的概念》這本書裏，探討了關於「焦慮」的問題，他特別舉出那個著名的亞當與夏娃吃禁果的事例，以此作為人類墮落的象徵，並從這一事件入手，對人類進行深入的心理透視。讓我們來看看他對人類的焦慮的分類：第一，是「無法實現」的焦慮，人們因為受到限制，而有不能實現自己的焦慮；第二，是「想要實現」自己，和「害怕實現」自己的雙重焦慮。

為什麼呢？因為在人類墮落之後就會產生焦慮，他解釋說，而後，就會生出內疚，內疚又帶來焦慮，焦慮的極限就是──失望。世世代代人類啊，就這樣在焦慮和失望之間做鐘擺式的徘徊！他苦惱。

而在《致死的疾病》一書中，齊克果從自身受苦的生命體驗出發，把失望乃至絕望視為──人類「致死的疾病」，它的折磨實在是求生無望卻又求死不得。他理解的絕望，是不接受每個人自己不想要的自我或者現實，最終失去自我、敗於現實，類似於基督教所講的「原罪」。

再讓我們看看他將世上的絕望層次進行的分類：其一，低層次的絕望在無知的人，一心只知世俗物事，這類人沒有自我意識，不認識自我的永恆性，更不知道自己陷於絕望；其二，另一些人意識到自己為渴望得到某些世俗物事而絕望，但仍沒有自我永恆性的意識；其三，還有一些人開始意識到自我和永恆性，也意識到自己為世俗物事而絕望的軟弱，為此他們也就不願意接受這個自己，結果陷入另一種絕望。人類的絕望，幾乎沒有人逃脫得開，哦不，人類致死的疾病──多麼可怕又多麼地折磨人！他嘆息。

我覺得齊克果不像是在作理論研究或是文學創作，而像是一個兢兢業業的精神科醫生，冷靜地向「身被心囚」的人類送上令人惶

恐不安的診斷書。你甚至也可以，將之看成是齊克果對自己生活的回憶和親身經歷的表達。對他而言，失去了親人、愛情、健康和社交生活，「文字表達」成了一件頂重要的人生大事。而他身為地處歐洲邊緣的丹麥人和家庭社會中「多餘的人」的雙重邊緣身份，和他憂鬱的血液，使得他擁有高度敏感的心靈和解析的能力，和一種憐憫人類的情懷。為了到達人類他得離開人群，他一個人，年復一年在寂靜的書房裏，沉思。

寂寞中有紙和筆相伴，還有文字的言說。他直率地說出了一個可怕的事實——絕望具有普遍性。正如在醫生眼中人人皆有病一樣，在精神科醫生或心靈醫生的眼中——人人皆有絕望。他進一步說，人在不同存在層次，也就有不同的絕望：感性的人為世俗物事而絕望，理性的人也就為拒絕自我、或選擇視絕望為最終的真理而絕望。這不僅是丹麥人的症狀，也不僅是歐洲人的症狀，而是全人類的症狀。既然人類無可避免地生活在「焦慮」和「絕望」之中，怎麼辦呢？齊克果甩開理性的思維方式，轉而用激情的語氣說：

「信仰是擺脫恐懼和絕望的唯一方式。因為人的有限和人生的短暫，人總得要面對時常相隨的焦慮與絕望，可上帝為現世的人類預備了通向永恆的道路，人只有靠著「信心的一躍」，跨越看不見底的深淵進入宗教的層面，才能重獲希望，擺脫絕望。」

這一種聲音如此冰冷卻又如此真實，這個人說出了我們生存的真相，也道出了我們突圍的方向。他冷靜的語調在他身後的每一個世代裏迴響著。我常想，假如他活到二十世紀，又會有怎樣的一番思考？我想起了詩人穆旦在 1947 年寫的長詩〈隱現〉中的幾行詩句：

我們站在這個荒涼的世界上／我們是廿世紀的眾生，騷動在它的黑暗裏／我們有機器和制度，卻沒有文明／我們有復雜

的感情，卻無處歸依／我們有很多的聲音，而沒有真理／我們來自一個良心，卻各自藏起／那使我們沉迷的只能使我們厭倦／那使我們厭倦的挑撥我們一生。

這首驚心動魄的詩，描述了一個更加絕望的時代。十九世紀的齊克果，想像不出二十世紀的穆旦身處的時代場景，這是一個人類文明被兩次世界大戰和極權主義深深撕裂、人類心智被急功近利的現代化日益重壓的世紀。透過詩人的眼睛，我們看到二十世紀人類精神的破滅與虛無，換成齊克果的語言來表述，則是焦慮和失望。

面對這樣一種空前的錯亂和荒涼，傳統的人文社會科學和自然科學遭遇到前所未有的困惑，我們的心靈像風中的殘燭般迷茫而又無力。在踏入二十一世紀的今天，十九世紀那個丹麥人時而低沉時而激昂的聲音又在我們耳邊響起，他對人類文明時代病症進行探究的文字註定了通向未來，在其離開人世一百年後、兩百年後依然讓人們受到憾動。你看，二十世紀探索「未來世界哲學」的雅斯培甚至說，正是齊克果和尼采——「使我們睜開了眼睛」。

我們看到齊克果關心的問題，實際上就是一個人生問題。齊克果不是在向世人展示他「人生的創傷」，而是站在人類的高度熱心地幫助他人療傷止痛。當然，在生活中受到創傷的不只他一個人，還有我們每個人。可是他的同時代人似乎並不領情，他宣稱，「我寫這些東西似乎應該使頑石哭泣，但它們卻只是使我的同時代人發笑。」作為一個立誓「摒棄肉體，成為精神」的思想者，齊克果在長年的孤獨和誤解中堅持讓自己的思想自由放飛，他在一板一眼的思考之外，始終有種近乎瘋狂的激情。

幸好，這種激情紮根於他「把人看得高於一切」的信念之上，源自一個有信仰的思考者對真理和永恆的追求。我經常想，雖然他

的時代已離我們遠去，但是不管你的人生境遇如何，他確實是一個很好的朋友，他能夠理解你的痛苦，撫慰你的悲傷。只要你願意將你的心門敞開，然後安上一雙信心的翅膀，敢於縱身做那信心的一躍。也許生命的奇妙正在於，儘管人生並不完滿，但是依然可以帶著心靈的鐐銬自由飛翔。

註：齊克果，（又叫索倫·奧貝·克爾凱郭爾，Sren Kierkegaard，又譯為祈克果、克爾凱郭爾等；1813 年-1855 年），丹麥哲學家、神學家及作家，一般被視為存在主義之父。

第三輯

精神不死

司徒雷登，何處安放他的精神？

　　歷史上很少有像司徒雷登這樣的美國人，曾長期而全面地參與了中國歷史相當長的一段歷程，在中國社會的教育、宗教、新聞、政治等領域產生過重要的影響。這個美國人跌宕多姿的一生與近現代中國結下了難以置信的因緣與紐帶，他的一生可謂近現代中國數個時代的縮影。作為中國近現代史上一位有影響的歷史人物，司徒雷登隨著二十世紀下半葉時代的變遷幾乎已湮沒或遺忘在歷史的深處，可是最近，他又重新出現在人們的視線中。

　　1949 年 8 月，時任美國駐華大使的司徒雷登在共產黨軍隊攻佔南京三個多月後黯然離開中國返美，懷著無奈與遺憾告別了這個他前後整整生活了五十六年的國家。2008 年 11 月 17 日，在他離世四十六年後，其骨灰終於依其遺囑從美國運回中國杭州下葬，這裏是他的出生地，是他臨終前魂牽夢縈的國度，他在杭州的故居也被闢為名人紀念館對外開放。當他的骨灰盒被輕輕放置入杭州安賢陵園文星園時，低沉的「奇異恩典」音樂聲響起，四周青松蒼翠，遠處青山環抱，一捧潔白的百合花由燕京大學校友代表擺放在了老校長的墓碑前。墓碑上只是簡單地以中英文刻著這麼幾行字：「司徒雷登，1876-1962，燕京大學首任校長。」碑文雖少，但或許這是對司徒雷登一生的最好概括。

　　在老一輩中國人的印象中，司徒雷登起先是一位來華傳教士，後來創辦了燕京大學並長期擔任校長，最後出任美國駐華大使。在他離開南京返美的幾天後，新華社播發了國共內戰勝利者毛澤東寫

的社評《別了，司徒雷登》，對這位前美國駐中華民國大使百般譏諷，說他是「美國侵略政策徹底失敗的象徵」。這篇語詞尖酸刻薄的中國現代史上的政論名篇，劃出了截然迥異的中國乃至世界歷史的時代分水嶺。該文後來還被編入中國的中學語文教科書之中，成為幾十年來一代代中國學子的必讀文章，影響了萬千中國人對司徒雷登的認識。這使得在近半個世紀的國際冷戰時代和中國後國府時代裏，司徒雷登這個名字在中國幾乎成了聲名狼藉和侵略失敗的代名詞，由此可見過往歲月中時代之變如何吞噬了微弱的個體生命，並帶來時代的誤讀和常識的曲解，無論草民還是賢達概莫能外。

從歷史的迷途中走出來，那些漸行漸遠的曾經鮮活而後落寞的身影，在我們眼前開始一一清晰地浮現。然而有些人卻讓我們在驚奇詫異之餘不由得要去重新讀取重新體味，譬如這位司徒雷登。這真是我們生命中的一場善緣。

將近一甲子的歲月過去了，中美兩國關係、國共兩黨關係乃至國際局勢都已在曲折中回轉並發生巨變。時代的變化讓司徒雷登臨終前的遺願有了實現的可能，他的骨灰被運回中國杭州安葬，長埋於西子湖畔——這是慶祝中美建交三十週年系列活動的一段插曲，場面令人傷感，讓人在說不盡道不清的歷史滄桑和世事變幻面前感嘆籲唏。但無論如何，這畢竟會讓曾表示自己「是一個中國人更甚於是一個美國人」的司徒雷登，因終能魂歸故國而感到欣慰。

連日來，中外傳媒的集中報導評論與民眾的廣泛關注談論，讓這位上兩個世紀的故人完成了一次重大的全新歷史摹狀。在「魂兮歸來，司徒雷登」的感慨聲中，曾經被遮蔽被承載著特定歷史符號的司徒雷登，終是在我們面前呈現出多面相的歷史文本並逐漸明晰起來。無疑，在新世紀初用智慧且善意的眼光重新打量這個生在中國的美國人，不啻是一件很有歷史意義的事情。

其實，早在此次司徒雷登歸國安葬杭州之前，國內外就有一些學者以浸入勇氣和理性的翔實著述，對司徒雷登的真實生平進行了相當程度符合史實的恢復還原。其中較有影響的著述，有北京外國語大學教授郝平的《無奈的結局——司徒雷登與中國》、中國廣播電視出版社出版的李躍森的《司徒雷登傳》、新華出版社出版的旅加華人學者林孟熹的《司徒雷登與中國政局》、哈佛大學出版社出版的台灣學者邵玉銘的《傳教士、教育家、大使——司徒雷登與中美關係》等書，以及中國青年報社記者徐百柯的《別了？司徒雷登》等文章和燕京大學部分校友的回憶資料。經過學者們精心的勾勒梳理工作，藉助這些回顧論述司徒雷登平生經歷的著述文章，為世人全面瞭解司徒雷登提供了一扇視窗，在湧出些微異樣的震驚之餘，我們可大致勾畫出司徒雷登的真實傳奇人生。

這的確是拜不斷開放的時代所賜，讓我們可以無負擔地走進和品讀這個歷史人物，讓他從曾經消失的歷史頁碼中又走了出來，而他鮮烈的人格形象也在我們面前逐漸清朗起來——

我們才知道作為傳教士和神學院教授的司徒雷登，曾以一個虔誠的基督徒愛人以德的精神，竭力履行著教會交付的光榮使命，在落後的中國廣布福音盡心傳教，對中國底層民眾和學生施以愛心與關懷。

我們才知道作為教育家的司徒雷登，曾為創辦燕京大學奔走呼號，在中美兩國間四方募捐籌集辦學經費，終於建造了近代中國規模最大、質量最高、環境最優美的一所大學。

我們才知道這位燕大首任校長，為中國培養社會有用人才殫精竭慮，結果燕大英才輩出，燕大在他的哺育下成為近代中國學術水平最高的教會大學。

我們才知道這位燕大校長，在日本侵華期間曾掩護師生逃離日占區，因此被日軍關進集中營將近 4 年。

　　我們才知道作為外交官的司徒雷登，曾傾心於力圖促成國共和談、希冀中國通過和平談判方式組成聯合政府。

　　我們才知道這位戰後美國駐華大使，為建立國府敗退後的中美全新關係盡了雖無成效，卻可稱得上是最大的努力。

　　可以說，司徒雷登參與了複雜動蕩的中國近現代史的長期進程，他的成功和辛勞曾廣泛地贏得了中國人民的尊敬，他的失敗和無奈也打上了鮮明的時代烙印，他一生的起伏沉浮均對應著中國社會脈動的感應和深刻的歷史背景。

　　如今司徒雷登的遺骨從美國華盛頓運回中國杭州安葬，既使他的宿願能夠如願以償，也在很大程度上匡正了他在中國人心目中的形象，甚至對廓清歷史也有著一定的積極意義。也許，司徒雷登的墓園會成為杭州西湖風景區的又一個旅遊景點，但更為重要的是，人們到此瞻仰或會喚醒中國人對民族歷史的一些記憶，或會驚喜發現而後汲取司徒雷登所代表的一種在中國斯土非常可貴的價值觀。在司徒雷登遺留下來留在中國的眾多精神遺產當中，最值得後人牢記並承繼的是他的辦學理念、教育思想。故此，一個被理解的司徒雷登要比一個還原的司徒雷登更加重要。

　　司徒雷登一生從事過多項事業，作為傳教士、希臘文教授、新聞記者，他的成績和影響並不怎麼突出，作為外交官，他幾乎可以說是失敗的。惟有作為教育家，他是成功的、優秀的並且是深具影響力的。這不僅因為他篳路藍縷創辦了燕京大學，且主政燕大期間取得了不凡成就，更在於他為中國教育確立了一種全新的，切合現代大學原則的辦學和教育理念。

　　作為一個生在中國並對中國有著深厚感情的美國人，司徒雷登把燕京大學看作是自己畢生的事業，同時把它看成是中國事業的一部分，認同這所大學是「中國人的大學」，而他創建這樣的一所新

大學，是為了「可以更好地服務於中國」。司徒雷登與燕京大學，仿佛根本就已經融為一體，他可謂當時燕大的靈魂人物，燕大的成功在很大程度上可以說建立在他的個人努力之上。這位主持校務工作長達二十七年之久的燕京大學的「大管家」和主政者，在當時的燕大師生中受到極高的推崇、以至於被師生們譽為「燕園之父」，而他之無愧於這一稱號乃因為他所確立的「燕大精神」。

在我的讀書生涯中，沒有一本教科書告訴過我，他在 1933 年曾明確地提出過這樣的辦學目標：

> 我們的目的是以養成一種合作、建設、服務人群的精神，以服務社會國家。我們不要變成世界上最有名的學校，也不要成為有史以來最有名的學校，而是要成為『現在中國』最有用的學校。

辦學目標說得很清楚，就是強調大學教育要服務人群社會，要服務於「現在中國」。基於這一理念，他將燕京大學的校訓確定為「因真理得自由以服務」（Freedom Through Truth For Service）。這一校訓激勵了所有的燕大學子，成為一代代燕大人成長過程中的精神動力。這樣的大學校訓至今仍閃耀著樸素的真理的光芒。

作為熟諳現代大學理念的校長，司徒雷登主政燕京大學期間，提倡學術自由和思想自由——這一現代大學的命根子。沒有學術自由的大學是被閹割的大學，沒有思想自由的大學不配稱之為大學。今天在大學遍地開花的二十一世紀初的時代，讓我們來看看上個世紀初葉這位大學校長的舉動——

他保障燕大教職員及研究者在教學和研究時不受校內外制度和勢力的干預，以便給燕大學者們營造了一個自由教學、自由討論學術觀點的場所，讓他們得以無障礙地傳播他們的專業學識。

他要求燕大的學生「既要中國化，又要國際化」，不但不對師生的政治立場加以干涉，還對他們加以保護，包括那些具有左翼傾向的師生。

抗戰時在北京淪陷期間，燕大選擇了一條最難堅持的道路：既沒有內遷到安全的地方，也沒有接受日本的奴化教育，而是堅持獨立的教學理念，為此他甘冒牢獄之災。

在這位校長的努力之下，燕大校園裏充滿著濃厚的學術自由、思想自由的空氣，燕大成為二十世紀中國上半葉有名的具有很強學術多元性和包容性的一所大學。

學術自由必然要求大學自治，對於這點，這位校長的立場同樣堅定不移。他奉行寬容的治校態度，提倡「教授治校」的理念，凡是有才學的學者，不問其個人宗教信仰、政治傾向和學術流派如何，一概誠懇聘請。他知道，作為大學的「當局」，不應成為教師們教學和研究工作的絆腳石。於是這位校長宣告：「我的任務是讓老師盡可能自由地去從事他們的工作。」這句話，值得現今中國的每個大學校長傾聽。

這位校長全力邀聘當時的中國著名學者甚至學術大師來校任教，藉以提升燕大的知名度和學術地位。由於他的廣納群賢，一大批思想學術界方家名宿紛紛奔赴燕京大學，造成燕大一時名師雲集，尤其在國文系、歷史系、哲學系等人文學科領域。

有大師方有高材，燕京大學為中國培養了一大批優秀人才，燕大的校友在近現代中國思想、文化和學術界輩出賢才且具有深遠影響。而真正讓燕大開拓國際學術視野的，則是著名的哈佛燕京學社的建立。他設法成功說服哈佛大學與燕大合作，於 1928 年春成立哈佛燕京學社，並設立燕京學社北平辦事處，與世界一流大學進行各種學術交流，到 1930 年代，當時的燕大已經享譽國際而躋身於世界一流大學之列。

　　這位美國人司徒雷登校長，以自己對中國的熱愛，做著中國教育界人士都望塵莫及的工作，取得了中國教育界人士都難以望其項背的成就，促進了中國近現代教育的發展，對中國教育事業的發展可謂功不可沒。司徒雷登傾注大半生心力在中國辦學，在為中國人民的教育事業獻身，無論在什麼樣的社會制度與意識形態之下，都是應該受到中華民族尊崇敬仰的千秋事業，都不應當貶損或詆毀他的卓越功績。中國的現代化歷史進程應當有這位司徒雷登校長的一席之地。我以為，司徒雷登校長堪稱是與我們中華民族另一位偉大教育家蔡元培校長並列的又一位傑出教育家。

　　在有關司徒雷登的著述裏有不少他的老照片給我留下了很深的印象，每每看到司徒雷登在燕大校園裏與學生教授交流討論、鼓勵他們專注於學術的和藹可親的樣子，我的心裏總是會心一笑，覺得這才是教育家，一個生命飽滿地呈現於我們眼前的教育家，一個無比地熱情、也單純地徹底的教育家。

　　今天我們重溫司徒雷登的教育辦學思想，覺得這位教育家著實讓我們從睡夢中驚醒。當前的中國經過近三十年的開放改革雖說在經濟等領域確實取得了不小成績，但大學作為社會的「文化思想中心」其發展現狀卻令人憂心。1980 年代一度出現的百年來中國大學史、中國教育史上的黃金時代已成昨日黃花，學術研究領域甚至出現帶有全民族整體性的學術停滯、學術倒退的現象。大學教育本應謹守的原則和大學創造文化、繁榮思想學術的功能在相當範圍內萎縮和退化，校園內功利主義的盛行表徵了中國大學精神的淪落，民國時期那一代教育家的風骨、胸襟和他們守護的傳統、精神如今已難得窺見。當我們在這個秋天的杭州迎回一位故去的教育家，不禁感慨萬千。明年就是五四運動同時也是燕京大學成立九十週年了，五四新文化運動播撒的新思想和燕大持守的大學理念離中國

這塊土地仍是相當遙遠，這讓我們面對先人的遺骨時格外沮喪和愧疚。

　　這些天來，這位二十世紀上半葉一代大學校長的身影在我的腦海裏久久揮之不去，它所浮現出的教育家風範和大學教育的真諦，在中國逾半個世紀後已然漸趨式微。他的這種躬身力行實踐出來的教育思想，才是最應該被我們後人所記取的，而不僅僅是一座墓園的落成。如今當我們感受這位教育家的超拔與熱忱，也希望能使當前中國的教育現狀尤其是高等教育的水準和精神能為之提升。在此基礎上，中國人在為司徒雷登遺骨安放杭州魂歸中國感到欣慰的同時，或許還需要接著再追問一句：當代中國，何處安放他所代表的精神？

　　（寫於 2008 年 11 月 29 日，司徒雷登歸葬儀式後第十二天。）

註：司徒雷登（John Leighton Stuart，1876-1962 年），出生於中國杭州，逝世於美國華盛頓。美國傳教士，燕京大學創始人、首任校長，前美國駐中華民國大使。

不死鳥歸去

　　2009 年 8 月 18 日，從韓國首爾傳來前總統、韓國民主運動的靈魂人物金大中與世長辭的消息。這一消息在很短的時間內傳遍了全世界，尤其在亞洲地區民眾的內心深處翻起了無盡的思緒。對於我這個當年從媒體上親眼見證了二十世紀八十年代韓國民主化轉型的人來說，金大中的離世更讓我對他本人和那段歷史感傷追懷。這位老人一生奮鬥勇往直前九死不悔，如今，方才與這個世界作徹底的告別，今天我的腦海裏浮現出電影《阿飛正傳》裏頭那句反覆出現的台詞：「這世界上有一種鳥是沒有腳的，它只能夠一直的飛呀飛呀，飛累了就在風裏面睡覺。這種鳥兒一輩子只可以下地一次，那一次就是死亡的時候。」

　　在韓國政治史上，金大中，你這位令人尊敬的老人，就是這樣一隻永遠在飛的不死鳥。

　　從年輕時立志於反對獨裁、爭取民主的社會運動開始，你的一生在韓國現代史各個時期的時代上空奮力翱翔，歷經艱難險阻。飛翔是你的選擇，受傷是你的宿命。你這隻政壇不死鳥，一輩子不停歇地飛呀飛，從 1950 年代投身政治反對生涯算起，至今已經飛了超過半個世紀的日子，你一定很疲累，是該歇一歇了。

　　韓國民眾將你比作「忍冬草」，一種韓國特有的藤蔓植物。因為這種植物既能熬過嚴寒風雪，還能在冬天的雪地裏開出金黃色的花朵，以此來比喻你顛沛困苦的政治生涯，和你堅忍不拔的人格特性。是啊，性格如此堅韌的人，生來就不可能會老老實實俯伏在地

的，是不可能在暴政底下規規矩矩當一回順民的，你是註定了要在天上飛翔的。但你依靠的不是羽翼，而是信念。

你的事業本來是從事經商海運業的，但在韓戰前後，年輕的實業家看到韓國獨立後的第一任總統李承晚以韓戰為藉口，清洗國民議會，宣佈反對他的政黨為非法，並處死反對黨領袖，實行獨裁統治。因此你便立志要匡扶政治，要在自己的國家建立起民主政治，於是你決定棄商從政。1954 年，時年二十九歲的你開始參與反對李承晚的活動，並從釜山回到家鄉木浦第一次參加國會議員的競選。你希望能為韓國的政治注入一股清流，並隨時準備為這一信念殉難。正如你日後接受採訪時所說：「我當時反對獨裁。我覺得只有實現民主，才能使我們的國家穩定，並且走上真正發展之路。所以我堅決反對獨裁，反抗獨裁。民主政治對我而言是一種哲學信念，是為我們民族著想的忠誠。我始終認為政治要穩定，應該實現民主。這是我要做的事情。我帶著這種想法從政，因此即使是遇到多大的困難，也是會克服的，不會放棄。」

民主對於你來說，不是空喊的口號，不是虛假的承諾，不是為奪取政權的宣傳策略，而是一種單純的政治夢想，一個畢生的信念。正因為有了這樣的信念，你在令人窒息令人絕望的環境下踽踽獨行卻依然執著，就像吳剛刀斧下的桂花樹，砍不斷伐不倒。在韓國，你因長期從事反對李承晚、樸正熙、全斗煥等政治強人獨裁統治的活動，早已成為家喻戶曉的反體制英雄、和頑強不屈的民主化象徵。但是這一切，是要付出代價的，你也早已有心理準備，在威權統治下爭取民主，就註定了這是一條鋪滿荊棘的道路。

對此你無怨無悔。你這只政壇不死鳥，在韓國政治變遷史的時空中既留下左衝右折的英姿，也落下遍體鱗傷的傷痕。你的一生遭遇了各種打擊，經歷了漫長的苦難歷程：軟禁、監視、誣陷、酷刑、

判罪、坐牢、流亡，凡此種種幾乎成了你生活的一部分。你先後五十五次遭到軟禁，五次被逮捕，在監獄中坐牢六年，兩次流亡海外，五次面臨死亡的威脅，屢次遭到政敵製造的車禍、綁架、投海等暗殺行動，被軟禁流亡時間達十四年之久，此外還有將近四十年的政治迫害。

　　現在回過頭來看，你生命中的這些艱難歲月，就是韓國政治史的淒風苦雨。好在這一切，你全都挺過來了，你的國家也熬過來了。但是今夜，我還想重溫那幾個驚心動魄的歷史片段——

　　1971 年，你以微弱差距的選票在大選中失敗，你的對手感到你對政權構成莫大威脅，指使情報部門蓄意製造一起車禍。當你在由光州到水原發表競選演說的途中，你的座車被迎面開來的一輛大卡車故意撞飛騰空而起，同行的三名支持者當場死亡。車禍中你的胳膊、大腿等多處受傷，雙臂的靜脈被切斷，落下終身殘疾。

　　1973 年，你在日本東京一酒店密會旅日韓國反對派人士，被韓國中情部特工綁架並被用膠帶封住臉，然後塞進一艘貨船，被放置在一塊十字木板上，特工們準備將你碎屍棄海。千鈞一髮之際，美軍直升機趕來，你才倖免於難。

　　1976 年，你因與尹潽善等人聯署《民主救國宣言》，被投入監獄，兩年後獲釋；1978 年，隨著公民權的恢復，你再度投身政治運動，也再次被捕，這成為光州事件的誘因之一。光州事件被鎮壓後，你遭指控為事件主謀，被軍事法庭判處死刑。在法庭上你作最後陳述：「我發誓要遵從良心與上帝的命令，為被鎮壓虐待的國民奉獻一生。政治的自由、經濟的平等、社會的正義是我的基本信念。」

　　1980 年，「五‧一八」光州民主化運動爆發，政府進行鎮壓，並將事件定性為「金大中等親共主義者們主導的內亂陰謀事件」，民眾怒吼了，導致整個 1980 年代韓國追求民主化的運動此起彼

伏，綿延不絕。民眾反抗的洪流，到了 1988 年漢城奧運會之際最終沖垮了獨裁政權，韓國完成民主化轉型。

你的肉身承受的苦難，沒有阻擋得住靈魂的飛翔。你在暗夜裏忍耐的煎熬，終於迎來黎明的曙光。你為爭取民主而歷經坎坷的一生，你身上所展現出來的政治良知和人格力量，你在自己國家反抗獨裁政權和推進民主化轉型過程中做出的巨大貢獻，在當今這個世界上，只有南非的曼德拉、捷克的哈維爾、波蘭的瓦文薩、緬甸的翁山蘇姬等少數幾位孤膽英雄庶幾可以比擬。你們是民主鬥士，是有信仰的政治家，是以純正品格感召本國民眾的政治領袖。你們的名字，已經刻在全球第三波民主化浪潮的光榮歷史上。人們由此相信，單個的生命個體有時也會深刻地影響歷史進程，進而能夠改變一個國家的命運。當一個國家在錯誤的方向上行進的時候，當一個悖逆歷史潮流的政權出現了像你們這樣的在野領導人、敢於並致力於扭轉歷史局勢的時候，歷史的車輪會在曲折顛簸中向前進。因為你們，站在了歷史正確的一邊。

獨裁者不願還政於民，他們拒絕給人民民主，常常藉口反對人士只會上街示威空喊幾句口號，不懂也不會真正執政。可是你，用事實證明暸民運人士同樣也能夠治國，而且還能夠做得更好。你證明暸自己不僅能為民主打拼，還能成為一個優秀的、務實的執政者。你在飽經磨難歷經四次選舉之後，終於在 1997 年競選成功當選總統，實現韓國朝野首次政黨輪替。其時正值亞洲金融風暴爆發，韓國經濟受到摧毀性打擊，通貨狂跌，經濟一片蕭條。此時的你，拿出了與從事民主運動時一樣的不屈精神，大刀闊斧地改革韓國經濟積弊，對韓國經濟進行結構性改革，重建國家經濟，甚至還與夫人一起帶頭捐出自家祖傳的金銀首飾。在你的帶領下，不久國家就走出危機，在短期內復甦了經濟。五年任期，你使得韓國進入

民主政體制度化的時代，經濟上躍升為世界第十大經濟體系，還開啟了朝鮮半島民族和解的進程。我知道，這些令全世界驚羨堪稱政治奇蹟的政績，是源自你身上那種敢啃硬骨頭的不死鳥精神。

而你身上的最令人欽敬之處，還不在這些現實的成就功業，而在你展現出的寬容的政治風範和善良的純正品格。為了化解韓國新舊利益階層的矛盾甚至仇恨，避免社會陷入報復與裂縫之中，你決定與昔日的死敵主動握手言和一笑泯恩仇。在當選總統次日的記者招待會上，你就做出了不做政治報復的承諾。在你就職總統的典禮上，幾位前任總統悉數被列為嘉賓，你以一種嶄新的政治儀式開啟了韓國的政治和解，也使得處於繈褓中的民主體制得以鞏固。在你的任內，獨裁時期的全斗煥和過渡時期的盧泰愚這兩位犯有嚴重罪行的前總統獲得了你的特赦，要知道，全斗煥是一位曾經要置你於死地、先判你死刑後將你流亡將你折磨得死去活來的政敵啊！你這樣做，將你的國家帶入到和解和寬恕的新時代，並在世界範圍內留下了一種政治寬容的先例和典範。你這樣的舉動，出乎所有人的意料之外，你的解釋尤其令人感動，你說要「敬天愛人」，你還說「要憎恨的不是人，而是罪惡本身」。

卸任之後你的身影漸漸淡出，你的「陽光政策」被現政府推翻，你曾主導的左翼政治路線被清算，你的忠實盟友盧武鉉意外離去，這使你的晚年有些落寞。特別是你的三個兒子因涉嫌腐敗遭到司法追究，使你的聲望有所下跌，你因此而向國民道歉。但瑕不掩瑜，你的一生評價不會因此受損。在人們的心目中，你依然是亞洲的曼德拉，韓國的民主之父，當之無愧的諾貝爾和平獎得主。何況你雖年事已高卻依然不改批判本色，就在你離世前的兩個月，你在《6·15 北南共同宣言 9 週年》演講時，還在批評現任總統的民生政策和南北關係政策。

在你彌留之際，你的夫人李姬鎬女士、你的三個兒子、兒媳和孫子、孫女等家屬二十多人聚集在重病房，為你送終。臨終前的你用眼神與親人一一惜別，流露出一個普通人的溫情，尤其為親人因你所曾受到的監視、逮捕和拷打感到抱歉。這一刻，你不再是過去那個獨裁者眼裏打不垮的鋼鐵巨人，你是丈夫，是父親，是長輩，是一個懂得愛也會去愛的老人。你的病房門外，是媒體記者，是關注你身體狀況的民眾。所有的人都在關心你的病情，並為你祈福，包括你的人民，你的戰友，和你的昔日敵人。

如今你已飛抵旅途終點，你已完成今生使命，你正在飛往天堂。留在人世間的，是你充滿傳奇色彩震撼人心的悲壯一生，和你苦難人生鑄就的韓國民主傳奇。你出生的時候，你的國家被異族吞併陷入殖民統治；你從政的時候，你的國家雖已獨立卻又跌入暴政的深淵；可你死去的時候，你的國家已經戴上了民主的桂冠，你的人民已經享有了免於恐懼的自由。故此你有資格被民眾紀念，也有資格被歷史記住，記住你勇敢進取的精神，和你永遠在飛的姿勢。

你的飛翔既是對命運的挑戰，對自由的嚮往，也是對生命對人類的謳歌。那一年，當你決定站在獨裁者的對立面、立志要做一個大寫的人、轉航要飛向天空的時候，你就已經不僅僅是代表你個人了。你一生的飛翔，對於一個單個的人來說，證實了活出尊嚴的可能；對於一個國家來說，證實了獲得民主的可能；對於人類來說，證實了擺脫奴役爭取自由的可能。你的飛翔已經載入史冊，因為高壓威權統治時代已經在你的國家一去不復返了，自由民主已經因你浸透著血和淚的澆灌，得以在朝鮮半島南端的這個新生國家生根發芽。

今天成群的韓國民眾去你的墓碑鞠躬，向你不朽的身影告別。遠在千里之外的我，無法到你的墓前獻上一束花，只得以一整天的

時光，來讀你的一生。我會記住你，金大中，我知道後人提到這個名字時聯想到的，是獨裁者眼中永遠的眼中釘，暴政下韓國民眾的希望，幾乎一生的持不同政見者，大半生處於困境逆境中的民主鬥士，向不合理的制度和權力宣戰的人類譜系中的一員，一隻打不死垮不掉的不死鳥。是的，你的精神永遠不死，如今你正展翅上騰，飛往永生之路，飛向廣袤天空。可是地上的世界依然有你所不喜的威權和暴戾。但是我們懂得感恩，畢竟你曾來到過這個世界，你的故事會給在黑暗中疲乏嘆息的人們一絲溫暖和鼓舞。

想到你的飛翔的故事，我們會在黑暗中指望光明，我們會在無助熬煉的日子裏仰望星空，那裏有一隻不死鳥曾經奮力掙扎的翅膀在天空劃過。

（寫於 2009 年 8 月 24 日，金大中逝世後第六天。）

那一聲柔性的吶喊

　　夏夜裏的睡蓮未開，那位總是穿著一襲黃色衣裙的夫人走了。當地時間 2009 年 8 月 1 日淩晨，菲律賓前總統柯拉松・阿基諾因患結腸癌在馬尼拉醫院病逝，享年七十六歲。兩天後，成千上萬的菲律賓民眾走上街頭，夾道目送載著阿基諾夫人的靈車緩緩駛過，她將長眠於二十六年前早已身故的丈夫阿基諾的墓旁。許多菲律賓人在樹上綁上黃絲帶表示哀悼之情，不計其數的黃色紙屑從住宅樓、高層建築和立交橋上如雨點般飄然落下。

　　阿基諾夫人之所以受到菲律賓的舉國尊敬，是因為二十多年前她曾率領菲律賓的上百萬民眾，成功主導了一場不流血的「人民力量革命」，和平推翻了獨裁者馬可仕長達二十年的鐵腕統治，恢復了菲律賓的民主政體。從此，這位愛穿黃衣的女性被視為菲律賓民主的象徵，也成了亞洲民主化歷史的潮流人物。從一個居家相夫教子的女人，因緣際會成了對抗威權政治的在野陣營核心人物，後又出任菲律賓且是亞洲第一位女性國家元首，就任期間安然度過七場軍事政變的風暴、並致力於改革，在其政治生涯中，阿基諾夫人以其特有的「寧靜的勇氣」和「柔性的力量」（1986 年美國《時代雜誌》年度風雲女性評語），撫平了國家的創傷，守護了國家的民主。這是一個發生在西太平洋的千島之國，以柔性力量追求民主的傳奇故事。

　　自稱是一位「普通的家庭主婦」的阿基諾夫人，原先對政治並沒有多大的興趣，在她二十二歲時卻嫁給了出身政治世家、終生投

入政治和反對運動、時任鎮長後當選為省長的貝尼尼奧‧阿基諾先生。後來夫婿阿基諾逐漸成為對抗馬可仕獨裁貪腐統治的菲律賓反對運動的領導者，並因此入獄。1980 年，阿基諾夫婦被迫流亡美國紐約。

幾年後發生了可怕的一幕：1983 年 8 月，阿基諾自美返回菲律賓準備參加議會選舉時，在馬尼拉機場遭到槍擊暗殺喪生，當時輿論普遍認為是總統馬可仕唆使所為。此事引起菲律賓國內的群情激憤，阿基諾夫人被反對派政黨一致推薦為反對派領袖，凝聚了不滿馬可仕專權的各種勢力和人群。

當然，反對政黨之所以請出阿基諾夫人，是屬意她的「阿基諾的遺孀」的特殊身份，以爭取贏得人們的同情和擁戴。而阿基諾夫人也不諱言自己缺乏從政的經驗，但她誓言在歷史關頭不會推卸對抗威權的道德責任，以鼓勵菲律賓民眾要求自由追求民主的勇氣。阿基諾夫人憑藉她羅馬天主教會的信仰，斬釘截鐵地大聲爭取民主，說出了那句載入史冊的話——

「我請求你們用不能被曲解而且明確的語言，告訴獨裁者，讓我們的人民自由！讓菲律賓人民自由！」

我想，當時的阿基諾夫人是以一副「豁出去」的口吻說出這番與當權者「攤牌」的話的。她當然知道可能會帶來的可怕後果，可是最摯愛的丈夫已經永遠離去，人世間還有什麼能令這位家庭主婦「恐懼」和「低頭」呢？

夫君離世的打擊沒有讓她沉淪，相反，她選擇吶喊。她的吶喊喚起了菲律賓民眾追求民主的熱情，喚起了民眾拋棄怯懦、甩掉長年累月的無力感的決心。馬可仕執政年代採取了一系列倒行逆施，比如取消總統任期只有兩屆的限制，宣佈實施戒嚴，以國家安全為由逮捕拘禁異議人士等等，使得原本採行民主體制的菲律賓出現嚴

重的政治倒退。可是阿基諾夫人不甘願，她堅信自己的國家應該有一個比馬可仕政府更好的未來，更相信菲律賓人民能夠掌握自己的命運，而不是靠獨裁者的主導一切，追求民主，是為了保障每一個國民天賦的生命、自由、人性尊嚴和追求幸福的權利。

於是，阿基諾夫人自信滿滿地說：「如果在獨裁與民主之間二取其一，選擇民主的菲律賓人民肯定占絕大多數。」因為獨裁是對民主的倒退，暴力和謊言的統治違背了人性。她進一步宣稱，就算國家出現了馬可仕這樣的政治強人也無法將「民主」的普世價值理念消滅。她的丈夫阿基諾一生活出來的，正代表了菲律賓社會中湧動著的追求民主的思潮。

在國內外的一致批判之下，馬可仕為重建自身政權的合法性，決定提前一年於 1986 年 2 月舉辦大選。在競選期間，阿基諾夫人向馬可仕發出挑戰：「要真正打敗民主，除非你有本事找到比民主更好的理念。」選舉結果公佈，馬可仕選票多於阿基諾夫人。但是由十九個國家組成的國際觀察委員會、以及菲律賓的政府部門在計票過程中均發現此次選舉有嚴重違規、作票和不當干預。

在馬可仕自行宣佈勝選的次日，各地阿基諾夫人的支持者湧入馬尼拉，百萬民眾舉行聲勢浩大的「人民勝利大遊行」。在這場遊行中，阿基諾夫人對民眾說：「要用非暴力抗爭爭取正義，用和平的方式抵抗邪惡。」忠於馬可仕的坦克部隊準備開上街鎮壓，包括修女和學生在內的示威民眾迎頭堵截坦克車，手挽手築起人牆。但隨後在要求民主的輿論氛圍下，軍方將領一個接一個倒戈，在不流血的衝突中馬可仕專制政權宣告垮台。阿基諾夫人成為菲律賓新一屆總統。

今天當我們重溫歷史，驚覺 1986 年發生在菲律賓的由阿基諾夫人帶領下的「人民力量革命」，那真是人類爭取自由的歷史上少

有的非暴力民眾革命，更確切地說，應該叫「運動」，因為它並沒有「革」掉誰的「命」。要知道，那是在這個東南亞國家千瘡百孔、民怨沸騰的社會背景之下發生的、有著數以百萬人參加的、以更迭政權為目標的示威行動啊！它最終能夠以和平的方式埋葬獨裁，迎來民主，實在是一場奇蹟，更是菲律賓整個國家的幸運，而作為運動的領導者，阿基諾夫人可謂居功至偉。這場不流血的「人民力量革命」影響全球，成為 1980 年代的國際重要事件，菲律賓的經驗，鼓舞了世界許多國家地區的非暴力運動，和各國人民對自由民主的嚮往，更是間接導致幾年後台灣解嚴進行民主轉型，以及東歐共產政權的接連垮台。

毋庸諱言，雖然阿基諾夫人擁有極高聲望，但政途不順。在其總統任內，叛軍與恐怖分子始終威脅著社會的安全，她先後面對七次軍事政變，導致大量人員傷亡，政局的動蕩，使得外來投資卻步，經濟難有起色，與此同時，地震、火山、颶風等天災又接連不斷，天災人禍頻繁發生。她推動的政治改革因觸動既得利益集團而舉步維艱，國內的政治和解不見曙光，她主導的以解決土地、收入分配不均為核心的經濟改革又阻力重重，成效甚微，經濟成長率低迷。概括起來可以說，她的政治經濟改革均不甚成功，政績乏善可陳。1992 年因憲法限制她未能競選連任，給她的繼任政府留下了諸多的社會問題，使這位昔日的「民主之母」頭上的光環暗淡許多。

然而，儘管政績有限，執政能力也為人詬病，加上時運不濟，阿基諾夫人執政時代並沒能造就一個在政治經濟等領域取得顯著成就的菲律賓。但她的勤勉廉潔，她對民主憲政的守護堅持，卻是連反對她的人也不能加以否認的。她在任內致力於經濟復甦和民生問題的解決，從自家的大莊園開始進行土地改革，她推動制定新憲

法，推進政改進程，任命獨立的司法官員，鼓勵言論自由。她還是公認的現代菲律賓最清廉的總統，與擁有三千多雙鞋子的前第一夫人伊美黛的奢侈腐化形成了鮮明的對照。

後來離開權力中心，她仍不懈堅持自己的政治理念，退任後她參與抵制拉莫斯總統修憲，成功勸說後者放棄連任，參加抗議彈劾貪腐醜聞纏身的艾斯特拉達總統，迫使他辭職受審。特別是，在任內的七次軍事政變之後，她一次次地寬恕叛亂者，以溫和的姿態化解危局，發出以民族和解為核心的國內和平倡議。在臨終前與女兒的最後一次談話中，她表示已經原諒了堪為世仇的前總統馬可仕一家。平心而論，這些品質在新興民主國家的領導人當中，是難能可貴的。

如梭的歲月已匆匆，如今離阿基諾夫人那年發動的「人民力量革命」已經二十三個年頭過去了。但在這二十多年來，菲律賓的民主仍然未能取得較大進展，歷經西班牙和美國殖民統治的菲律賓，近幾十年來成為莊園家族壟斷和自由放任經濟模式的混合體，菲律賓的民主政治、經濟發展、人民生活水準、法治程度、人權狀況等諸多領域均進展緩慢，表現不佳。

在回顧當年「人民力量革命」的得失上，菲律賓學者羅加莫拉指出，這是一種「低民主密度」的症狀，距離真正的民主還很遠。羅加莫拉分析 1986 年馬可仕政權垮台後的菲律賓政局得出結論，認為兩個前殖民主都給菲律賓留下了很多後遺症，使它缺乏良好的土壤去發展自由民主。菲律賓的政黨較為弱勢，這使得政客凌駕於政黨之上，憲法賦予總統太大的權力，有強大政治手腕的政客能有效施政（如拉莫斯），但因沒有強大的政黨支持往往事倍功半。政黨不強無法滿足菲律賓社會的強大需求，特別是貧窮者數以千萬計，因此構成「民主的偏差」。殖民地時代留下的這種民主制度將

草根階層排除在外，讓精英族群掌權，這種政制符合殖民地時代大莊園地主的利益，對大多數普通民眾來說相當不利。事實也確乎如此，菲律賓的民主進程二十多年來一直在並不很高的層次上徘徊，整個國家民主的未來也依然模糊不清。

雖然菲律賓的民主存在著諸多問題，但是民主的缺陷與昔日的專制獨裁是不能夠同日而語的，正如我們不能拿斷翅的蒼鷹與完好的麻雀兩者飛行的高度相比較一樣。民主的完善尚需要已擁有「免於恐懼的自由」的菲律賓人民持續不斷地為之努力，這也是阿基諾夫人晚年念茲在茲的心頭夙願。

阿基諾夫人，這位菲律賓的民主之母，本是一位家庭婦女，一個沒有一點點從政經驗的平凡女人。後人不必用職業政治家的標籤來要求她，繼而用此標準去衡量她執政期間的政績。在歷史的關鍵時刻，這位從未萌生從政念頭的賢惠妻子，被時勢倉促推舉到了前台，當她後來站在政治舞台中心的時候，確實她的演出並不精彩，她的政績並不亮麗，但這掩蓋不了她的光輝。畢竟當歷史需要她站出來與獨裁暴政對抗的時候，她沒有迴避，並且，堅持了自己國家立國時宣告的民主理念。二十三年前，她在馬尼拉街頭的挺身一呼，像漆黑夜晚的天空中劃過的一道閃電，給這個國家帶來呈現新氣象的希望的曙光。

遙想當年，面對獨裁強人的強悍，阿基諾夫人沒有論道經邦的高談闊論，沒有什麼系統的、深邃的主義、思想或者理論，而是發出了「還我民主」的卑微的樸素的、卻是強而有力的聲音。這聲音源自世上每個人內心的基本人性需求。這是上個世紀末世界民主化浪潮中一聲柔性的吶喊，一股柔性的力量。那一聲吶喊，曾經並將繼續感動著鼓舞著後來的人們去追求守護民主。那一聲柔性的吶喊，與阿基諾先生不屈的身影、與菲律賓民眾波瀾壯闊的艱辛抗

爭、與世界其他國家地區對自由民主的追求一道，融入到了人類爭取自由史的煌煌篇章之中。

　　（寫於 2009 年 8 月 6 日，阿基諾夫人辭世後第五天。）

殷海光與五四

——為台北殷海光故居落成而作，並以此文紀念殷海光先生逝世四十週年。

殷海光故居正式開放啦！

兩個多月前，也就是 2008 年的 11 月 14 日，位於台北市大安區溫州街 18 巷 16 弄 1 之 1 號的殷海光故居，經過產權人台灣大學整修後重新對公眾開放。殷海光先生自 1956 年入住此處宿舍，在此居住一直到 1969 年去世，歷時達十三年。這所外觀素樸的故居裏頭將展出殷海光的生前用品、書房、史料、檔資料與檔案資料供民眾參觀，同時開放給學校、社區團體、民間非營利組織等利用，以期能傳播殷海光的理念精神。

媒體報導的這則新聞配上殷海光故居的多幅照片，那逝去的一個哲人和一個時代仿佛在華人讀者眼前浮現，許多人的心均為之顫動。我因長期閱讀殷海光，自是對這一新聞非常留意，無奈沒辦法躬臨現場，只能在千里之外遙念殷海光的思想人格，觸及之處，心潮澎湃，難以平靜。

殷海光故居院牆門口一塊白底紅字的金屬牌讓我注目良久，上面以中英兩種文字介紹此房舍先前的居住者。

> 哲學界巨擘、自由主義導師殷海光先生在台故居。先生任教於台大哲學系，畢生提倡自由主義，秉持『寧鳴而死，不默

而生』的精神，勇於對抗威權、批評時政，啟迪學術與社會良知，對推動台灣民主運動具有貢獻。

看到這段話，我立時工工整整地用正楷體抄寫在自己的書桌前。這寥寥數語對殷海光的「蓋棺定論」，讓人於平易中可聽見驚雷，於不平中又可感到慰藉。

正如現年已八十一歲高齡、前來參加故居啟用儀式的殷海光夫人殷夏君璐女士所說，「對一個過去曾被打壓的學者而言，是很大的安慰，希望殷海光的民主自由思想，能給現在的年輕人更多的啟發。」我不知道現今的華人年輕一代對這位已成歷史人物的啟蒙學者有多少的瞭解，尤其是他承受的苦難？

盛年而逝的殷海光其五十年的風雨人生，前三十年在大陸度過，後二十年生活於台灣，卻於兩邊的當權集團均難以見容。殷海光因年輕時發表許多反共文章，並出任國民黨《中央日報》主筆，曾被列為中共列出的「文化戰犯」名單之中；後來在台灣又因不辭艱險反抗威權，呼喚自由民主而遭政治迫害，被剝奪在台灣大學的教職，長期處於監控之中。

一株會思想的蘆葦，在二十世紀中國兩大政治力量狂風暴雨的衝擊下，一生不得安寧。

秉持五四精神、重振五四魂魄的「五四之子」

這就是思想者的命運。想到他曾那樣艱難地活在世上，我就有一種難言的憐憫和悲痛。這位學者用生命詮釋了一種從五四時代開啟的中國知識分子新傳統，為了堅持理想追尋真理而不惜與整個時代漸行漸遠，進而對抗。這種在他那個年代幾成絕響的品質，使這

位純粹學人的一生染上了一種悲劇的色彩。他的一生無論是廣受矚目還是遭到圍截攔堵，都是值得我們審思的歷史。他的故居就是史料，他的故居藏品就是一幅幅歷史畫面。驀然回首，殷海光已經定格在過去那個歷史的時空，幸好這個人已被他身後的時代尊崇，也被他身後的人們追慕。

歷史的航程已駛入 2009 年，距離殷海光離開人世已經整整四十個年頭過去了，轉眼間五四運動的紀念日也已到了第九十個週年。期間海峽兩岸的社會走向已發生了巨變，但在華人世界正在朝向或進一步鞏固自由民主的路途邁進的當下情境中，重提殷海光，重溫殷海光，重新走近這位二十世紀的自由思想者，仍然具有反思過去、省察現狀、展望未來的相當價值和意義。而在現代中國及中華文化的思想史上，殷海光的名字無疑與五四難以割斷得開。

誕生於五四運動爆發的 1919 年，一生對五四心嚮往之、一生秉持五四精神的殷海光，在其生命的最後關頭他對自己一生的定位是「五四之子」、「五四後期人物」。這一定位，確實是殷海光五十年生命旅程最真切的寫照。殷海光曾宣示自己是在「跟著五四的腳步前進，在一方面，我向反理性主義、蒙昧主義、偏狹主義、獨斷的教條毫無保留地奮戰；在另一方面，我肯定了理性、自由、民主、仁愛的積極價值──而且我相信這是人類生存的永久價值。」這段著名的一反一正的兩句宣示，這兩大方面的浩大工程，貫穿了殷海光一生的為文為言。

作為「五四後期人物」，在五四之後的幾十年裏，殷海光繼承了五四時代激烈、全面的反傳統思想，他與五四知識分子一樣始終心中有一顆強烈的反傳統的脈搏在胸腔跳動。無論是在報章雜誌撰文、在大學講台授課、在與友人學生聊天通信，還是在譯介國外學說、在著書立說上，任何時候的殷海光都是傾其全副精力去抨擊中

國傳統文化,並致力於傳播新思想,在時代舞台上顯示出啟蒙者的強大衝擊力量。殷海光站在哲學學者的立場去指摘中國傳統中的流弊,又以邏輯學者的身份去批評中國人思想的缺乏邏輯和不夠嚴謹。在思想的戰場上,殷海光就像手持兩種武器的俠客,隻手將兩個強勁的對手摺倒在地,乾脆而又俐落。

　　五四是殷海光一生的話題,也是他一生的精神家園。殷海光曾撰文將「五四新文化運動」稱為中國知識分子的一個「偉大節日」,對他個人而言,則是他自身人生定位和理想實踐的一個「啟蒙事件」。最打動殷海光的「五四精神」,用他經常講的話來說,就是五四知識分子在歷史關頭表現出來的「銳氣、衝力、使命感、對新思潮的渴慕、進行思想啟蒙的熱忱,和理想主義的色彩」,這些種種是「知識分子的閃光品質」,是「接納新思想新觀念的動力」。是啊,先秦諸子時代以降的三千年行思想鉗制的大帝國,哪裏有過一個時代如此的激蕩人心,哪裏有過一個時代的知識人群體如此的個性張揚、引領潮流?生逢斯世,讓殷海光感到「此生有幸」,他遂用盡一生去承續五四學人群體投身社會和文化實踐的熱切情懷,將自身的學術生命和政論生涯熱烈地綻放。難怪當我們閱讀殷海光的學術文化專著、學術隨筆和政論文章時,能夠清晰地感受到真是無一字一行非從激情所出。

　　朱熹在《觀書有感》一詩中吟道:「問渠哪得清如許,為有源頭活水來」。當我們讀殷海光的書,然後探究殷海光的思想及精神之成因來源,可得出結論:殷海光思想及精神的「源頭活水」乃是他在年輕時就讀的西南聯合大學。這是一所在世界教育史上罕見的校史短暫、貢獻卓越的大學。在殷海光處於精神成長時期的 1930、1940 年代,他在西南聯合大學(抗戰時由北大、清華、南開三校合並而成,校址在昆明)求學七年,在抗戰的硝煙中完成學業。當

時的西南聯大匯集了五四一代的精英，因之研究學術與關注時局兼備，那裏的校園氛圍幾乎就是一個小型的「五四」，散發著激越的理想主義氣氛，被譽為是「內樹學術自由之規模，外有民主堡壘之稱號」的學術殿堂。殷海光本人當時就受到這樣一種知識的薰陶和心靈的激勵。

　　在那烽火連天的戰爭歲月裏的大後方，這個湖北籍年輕人開始思考個人、社會和民族國家的命運，並產生一種強烈的憂患意識和濟世情懷。西南聯大成了殷海光思想歷程的重要驛站，將他鑄造成一位傳統與現代交融的學人，並打下他一生學養深邃、慷慨激昂的五四式精神底色。幾年前我曾在昆明就讀，多次去西南聯大的新校址雲南師大的校園內漫步，尋覓和追憶一甲子之前中國這所名校的昔日足跡。殷海光無疑為他那英才輩出的的母校增添了光彩。所以雖說他本人未曾親歷五四，有種「予生也晚」的遺憾，但是仍然可以說——殷海光是在五四餘輝的浸染下成長起來的。

　　在 1940 年代，殷海光撰寫了大量政論文章，反覆強調「獨立思想」，提倡輸入西方實證論的哲學思想，以此來補救中國文化中認知因素的缺乏；與此同時，殷海光剖析極權主義的緣由，抨擊蘇俄及其附庸「戕害自由」的本性。1940 年代末期，殷海光在中國大陸山河變色之際隨國民政府前往台灣，以在台大講授邏輯學與哲學、擔任《自由中國》雜誌的編輯主筆為生。此時的殷海光發覺五四啟蒙的任務並沒有完成，在經歷了暴風雨式的國家動盪之後，知識界所需要做的急切工作，就是要繼續五四人物的未竟事業，重建新的思想文化。他看出了這一點，遂踏上了一條艱難的啟蒙旅程。

　　在這一念頭主導下，殷海光執意重新高揚五四的旗幟，以對五四時代的深刻體認去自覺擔負起五四未完成的使命，也開始了他一生最具鋒芒和光芒的時期。殷海光利用寫文章、出書、開座談會等

形式，積極引介西方實證哲學新思潮與自由主義的政治理論，竭力傳播一些西方哲學思想、自由主義和五四精神，並以個人主義、民主啟蒙精神為準繩，批判黨化教育，批評專權時政。

殷海光之努力，意圖在思想文化領域開啟一種合理、開放而屬於現代的新精神，並引領青年和民眾的思想超越前進。這期間殷海光的大量政論文章以其「辛辣動人的文筆加上長江大河般的辭鋒，使他的聲譽鵲起，成為一般青年學子的偶像」（史學家傅樂成語）。一時間殷海光政論在島內民眾和海外的華人社會傳頌一時，影響巨大，成了那個年代裏的時代最強音。

在五四之後數十年內憂外患的時局下，五四精神在中國大地上早已殘缺不全。在兩岸進入對峙狀態之後，當許多早期的五四人物或向左轉或向右轉而不再散放昔日光芒，留在大陸的被政治力量的旋風吹倒，去往台灣的因戡亂戒嚴的氣氛萎縮。此時，惟有殷海光在寂寞與橫逆之中，幾乎以一人之力對五四精神做悲劇性的重建，以一人之力使五四時代在中華民族的歷史上不至於中斷、而能夠延續了幾十年之久。這位衝向風車作戰的華人思想界的唐吉訶德，這種「雖千萬人吾往矣」的精神，這種重振五四的單兵作戰式的艱辛努力，最令我們後人欽敬，於民族思想文化史，實在是功莫大焉。

批判文化保守與政治專權，專注個人自由的「民主科學觀」，對五四思想進行創新

殷海光的熱情，如大海的潮水般洶湧浩蕩，沛然莫之能禦；殷海光的學術，卻如子夜的月色般靜思慎獨，在冷靜清晰的狀態中求真探索。五四之後的幾十年，殷海光的名字既代表著「批判」，又代表著「啟蒙」，那麼在批判和啟蒙的符號之下有些什麼精彩的思想呢？

　　青，取之於藍而青於藍，細細探看，殷海光對中國傳統中許多缺陷的批判，進而對五四理念「科學與民主」的闡釋，往往超過他思想上的老師們——早期五四人物的思想水準。與五四啟蒙時期批判前現代文化的「孔家店」不同的是，殷海光的思想啟蒙在繼續反傳統的思維下，從文化上的保守到政治上的專權，均在其抨擊之列。五四高舉的是「民主」和「科學」的大旗，殷海光高舉的啟蒙大旗上除了刻有「民主」和「科學」之外，還刻有「自由」和「理性」字樣。殷海光將培植理性氛圍和反傳統分別作為建設自由民主文化思想體系的積極方面和消極方面，核心訴求則是「自由」。從殷海光對五四精神的超越意義上來講，殷海光雖自稱為「五四後期人物」，但更確切地說應該是「後五四人物」。

　　時至 1960 年代當殷海光年屆不惑之年，彼岸的大陸發動了一場場政治運動直至最終爆發了名為「文化大革命」實為「大革文化命」的民族文化滅頂之災，隨之台灣開始了帶有濃厚政治意味的「中華文化復興運動」，那麼，以中華文化為念以人類前途為懷的哲學學者殷海光，在嘆息涕泣之餘，思想上有無重大轉型呢？

　　答案是肯定的。殷海光對中國傳統文化的態度在 1960 年代有了重大變化，也就是意欲對傳統開始進行創造的轉化。他已著手去做並試圖進一步去做的，是通過對中國傳統文化的批判、更新以及創造性的轉化，從而為自由、法治與民主在華人社會的落實提供文化養分與精神土壤。這無疑在中華學術史上是一種極具價值的設想。這種努力也是激烈的五四反傳統思想和自由主義思潮在二十世紀下半葉的光榮發展，同時也象徵著五四時代趨近結束，一個超越五四反傳統思潮的思想新時代的來臨。

　　遺憾的是天不假年！這項帶有原創性的學術工作剛開展後不久，殷海光便帶著對「中國文化的熱愛，希望能再活十五年」的心

願，在半百之年因罹患胃癌離開了這個讓他愛、讓他歌、讓他哭的人世。

哲人逝去，其思永存。當後人研究殷氏理論體系，會發覺殷海光不但秉持而且傳承批判五四精神，他非常讚賞五四的疑古精神並稱之為五四運動的「主峰」。但殷海光同時對五四保持一份清醒的頭腦和同樣的質疑態度，他較為客觀地指出五四新文化運動因囿於時代造成的種種缺陷：比如說五四時譯介的西方學說內容過於雜糅；五四的文化人物學術素養和思想根基並不牢固；五四人物對西洋學術思想的介紹未經自覺的選擇，很少能夠體察西洋文化的全貌與脈絡；最要命的是，五四人物的思想深處並非近代西方新思潮的高舉「個人自由」，而是力求「民族解放」。這些缺陷造成二十世紀中國思想史的不夠健全，並反映到現實政治上來，至今流弊難消。

在對五四的兩大旗幟「科學」與「民主」問題上，殷氏思想既一脈相承，同樣也有所創新。五四知識分子對科學的理解，大致上可分為兩大內容，一是作為一項意識形態的科學主義，二是出於對科學方法的經驗導出的歸納主義。總之近代中國救亡圖強的焦灼心態，導致了五四時期將科學視為一種實用技術的功利主義傾向和科學在一切領域皆萬能的信仰。日後的殷海光提倡「科學」，是在五四運動高潮時期表現的激越色彩褪去的時代裏，注重純理知識，主要偏重的是科學方法和科學精神也就是理性態度。

殷海光抨擊傳統文化，乃因對中國傳統中灼傷個人自由尊嚴的思想和制度大為憤怒，而他堅信科學方法乃是一個使人頭腦清楚不受騙的工具，進而大力倡導科學方法。更進一步，殷海光認為此種意義上的科學，有著其強大的社會功能，也就是能為實現民主政治創造學理上的條件。

　　殷海光論述「民主」，拋開了近代中國知識界最常掛在嘴邊的宏大民族國家的表述，將民主建立在專注於個人的自由尊嚴和獨立的人格之基礎上，他提出把「人當人」作為論述的前提而不是結論，指出惟自由的「民主」制度才是最能維護個人自由和社會道德的制度。殷海光也不否認民主制度並非盡善盡美，自然存在著這樣那樣的缺點，但在一切制度中，「民主制度最尊重個人，從個人出發，又歸結為個人」。殷海光痛心於中國數千年的悠久歷史傳統，一直都離科學與民主那麼遙遠，中國必須擺脫總是在幻想「仁慈的專制」，中國人必須擺脫千年來的「父母官情結」，這需要通過「民主」來實現民本，真正過上一點人的日子。

　　生處於現代中國的動盪歷史之中，殷海光總結了百年來中國在尋找中不斷碰壁的出路，並用五四式清晰的語言說出來：「無論如何，中國人要求解決百餘年來的大問題以求生存並發展下去，平平坦坦實實在在的道路，有而且只有學習科學並且實現民主」。

　　這不是一時的激憤之語，而是半生學術沉澱下的冷靜疾呼。作為二十世紀下半葉中國知識分子的第一份「獨立宣言」，在整個民族墜入瘋狂的深淵的時候，殷海光呼籲落實的「科學與民主」無疑賦予了新的內涵，這是一位良知學者發自心底的痛切。這番大聲呼籲，時至今日雖然華人社會時局已全然改變，但我們仍能感受到其現實意義。問題是，五四以降幾代知識分子不停思索民族出路，從而發出真知灼見，中華民族到底能不能走出一百六十年來的困局呢？

　　殷海光在五四的餘暉下度過一生並終生情繫中華，民主與科學早已像胎記般烙印在他的心靈深處，他堅信「有而且只有科學與民主，才能使中國起死回生。」這些學術論述，是對五四「德賽」二位先生的設問的當代提升，是百年來中國自由主義思想的一個界碑。他留下了一種「殷海光的民主科學觀」，並且打通了兩者之間

的走廊，在民族思想學術史緩慢的河流上，吸引了更多的人往五四的水源上去漂流，並去追問五四在當代的意義。

一生成就在其道德人格與啓蒙者角色，後人需要傳承超越五四先賢及殷海光的歷史使命

要成為思想與學術的巨人，這不只是一個知識境界就能夠支撐起來的。愛因斯坦在悼念居里夫人時說過：「第一流人物對於時代和歷史進程的意義，在其道德方面，也許比單純的才智成就方面還要大，即使後者，它們取決於品格的程度，也遠超過通常所認為的那樣。」這句話對於身為人文社科學者的殷海光來說也分外適用。雖然殷海光以五十之年英年早逝，囿於年齡和時局的因素，致使學術與政治兩方面的志業均未能竟功，作為一位有著學術慧根的學者，他在自己的學術專業——邏輯學與分析哲學上並無更多的原創貢獻，這不能不說是中華學術史的一大遺憾，也讓後人為此感到可惜。

但是歷史已經做出結論，就像殷海光故居金屬牌上銘刻的話語總結的，殷海光的最終成就是在道德人格上的，學術乃是其次。殷海光為文為人，在其德高，在其格高。殷海光之所以令當世及後世崇敬，在於他所扮演的啟蒙者角色，在於他身處蒙蔽與壓制環境下表現出來的道德熱情與卓然人格。這種道德熱情與卓然人格，是二十世紀中葉華人世界思想文化漫漫長夜裏開放的一朵奇葩。

這是一朵混濁世間開不敗的蓮花。只要殷海光式的學人品格始終存在著，只要殷海光的自由主義接力棒能夠薪火相傳、不斷有後人接過，就是任何可理喻或不可理喻的政治勢力拂之不去的一絲陽光，就是自由主義最終在中華文化的土地上落地生根的一縷火種，就是苦難綿延的中華民族恢復精神元氣的一線希望。

　　殷海光在 1969 年逝世前夕為五四運動五十週年曾寫過一篇文章，叫做《五四的隱沒和再現》，哀嘆「五四的思想的進度在中國實在太慢」。四十年過後，我們既看到五四思想在華人土地上開花結果的喜人景象，又看到五四思想被扼殺被扭曲的尷尬情勢。作為二十世紀中國最徹底的自由主義者，殷海光的那些對政治民主、科學理性、個人自由與個性解放的闡釋及呼籲直到今天我們仍能感受到其現實意義，因為我們仍在哀嘆五四進度何等之慢。

　　然而我們還是心存希望，因為時代畢竟不同了，如今包括海峽兩岸在內的全球華人世界正在面迎一個「平的世界」，一個民主自由已蔚然成風並成為時代潮流的全球化時代和公民社會日漸崛起的新興時代。時代正逼迫著我們一邊要在困厄中找尋出路，一邊要趕上時代步伐快速前進。

　　這個全新的時代既需要開放社會與多元社會所必需的民主科學精神，又要面對族群階層、政府政黨、民族國家等集體價值觀的眼力挑戰，眼前與未來的重重問題，不容我們輕忽鬆懈。凡此種種均足以顯示，重振五四人物以及殷海光一代人物的自由主義精神，以歷史和文化反思的態度來紀念五四，在今日之華人世界裏是具有現實意義的。

　　五四精神是批判精神，五四時期的新文化人物和後期的殷海光先生等啟蒙者均無愧於他們身處的時代。他們不但回應了時代需要，也超越了自己所處的時代，他們真的做到了「重新估定一切價值」特別是中國傳統的價值，在批判中開拓前進。他們完成了歷史所加諸於身的使命，也留下了他們因時代局限所不能完成的使命。這些未完成的使命加上新興時代造就的新使命，正等待著我們去伸手接過，去回應超越，去盡力完成。

　　（寫於 2009 年 2 月 3 日至 5 日，台北殷海光故居落成後兩個
月零二十天。）

註：殷海光（1919-1969 年），湖北黃岡人，國立台灣大學教授，台灣自由主
　　義的開山人物與啟蒙大師。

歌詠自由的異鄉人

　─你最愛誰？謎樣的人！你父親？你母親？你的姐妹或兄弟？

　─我既沒有父親，也沒有母親，也沒有姐妹，也沒有兄弟。

　─你的祖國呢？

　─我不知道祖國位於哪個緯度。

　─嘿！那麼你愛什麼嘛，奇特的異鄉人？

　─我愛那些雲……那些飄過的雲……那兒……那兒……那
　　些奇妙的雲！

──《異鄉人》[法] 夏爾‧波特萊爾

　　十九世紀法國最偉大的詩人之一、象徵主義詩歌先驅波特萊爾
在他去世前三年，寫下了他獨樹一幟的散文詩集《巴黎的憂鬱》。
這部詩集表達了詩人對骯髒畸形的現實社會的鞭撻，流露出對美好
世界公義社會的嚮往。收入這部詩集的五十篇作品中第一首就很有
名，正是這首《異鄉人》。

　　詩中的「異鄉人」因為遠離人群而變得孤僻，進而用哲人的眼
光看待世界。他說自己已經沒有了親人與朋友，也不知道祖國位於
哪個緯度，處於一個邊緣人的心理狀態。他必須遠離到他鄉自我放
逐，才能夠生存，才能夠實現心中的理想。異鄉人對「祖國」的定
義超越於政治含義之上，他的「祖國」其實就是他自己的心，那不
是用緯度、國界來區分的，也不會因暴力、脅迫及傷害而屈服。因
為異鄉人的心，就是「世界之心」，永遠都堅守著世上最後的良心。

　　如此自我放逐他鄉的異鄉體驗，與尋找心靈家園的故鄉意識這兩者的既糅合又衝撞，無法不讓人不為之動容。這個世界古往今來有許多優秀的思想者，都曾遭受過流浪、流放或流亡的共同命運，乃因他們不肯屈服於強權、群體、等級、傳統和既定秩序的獨立品格，使他們或甘願或被迫而成為人類歷史流亡譜系的優秀成員。十八世紀下半葉美歐兩陸的革命風暴時期，出現了一位影響卓著的思想家托馬斯·潘恩，就是其中的一位。

　　作為一位不斷被驅逐的流亡者，潘恩的一生總是奔走在異鄉的土地上，在各國重要的歷史關頭留下自己不朽的聲音和足跡。他的思想和靈魂像老鷹一樣在時代的天空中展翅上騰，他的肉身卻在大西洋兩岸顛沛流離，受盡苦難磨折。他的遭遇之慘，甚至超過那位「以不幸著稱於世」的法國思想家盧梭。而這一切，全是因為他那融入骨髓的對自由的信仰。潘恩說過：「哪裏沒有自由，哪裏就是我的故鄉」，這句慷慨激昂的宣示，正是潘恩終生不停奔走，要去為不自由的地方、乃至全世界的自由而奮戰的一生寫照。潘恩離世到明年 6 月就將整整兩百年了，但只要人類始終嚮往熱愛自由，潘恩的思想就將一直為人們所傳誦。

　　十幾年以前，潘恩於我是一個特別心儀的名字，《常識》是一本特別想讀的書。那是 1990 年代初的中國，許多的真相被扭曲，一切有關常識的言說都彌足珍貴。那年的夏天啊，我的心拼命地向這位人類思想史上的狂飆人物傾斜。高考結束的那天晚上，因著捧讀《常識》、《人權論》和《理性時代》同時默想「遵行真理」的上帝律法，而成為一個心潮澎湃的夜晚銘記於我的整個生命。閱讀潘恩的作品仿佛是在聆聽貝多芬的不朽名作《d 小調第九號交響曲》，呈現出反抗和叛逆的狂風怒濤般的力量。他的文字中透露出對世俗禁錮的嘲諷和不受一切羈絆的疏狂，如同樂聖譜寫的一個個

激情四溢的音符。這裏面有與我所接受的教育相悖但為我所深深認同的東西，它們在往後生命的晦暗日子裏激勵著我的思維心緒。

其中有這樣的句子，解答了我在孩童時代也是每一個孩子時常發出的疑惑——「我是誰？」：「人權起源不應僅僅停留在古代某一時間階段，而應追溯到人從造物主手中誕生的時刻。在原初時期，他當時是什麼？是人。人也就是他最高的和唯一的稱號，沒有再高的稱號可以給他了。」、「正因為他是人而非其他，理應享有神聖的權利。每個孩子的出生，都必須認為是從上帝那裏獲得生存。世界對他就象對第一個人一樣新奇，他在世界上的天賦權利也是完全一樣的。」

在其中還有這樣的顛覆極權主義神話的讓人難忘的描述：「在任何國家裏，從來不曾有，從來不會有，也從來不能有一個議會，或任何一類人，或任何一代人，擁有權利或權力來永遠約束和控制子孫後代，或永遠規定世界應如何統治，或由誰來統治；……」、「政府即使在其最好的情況下，也不過是一件免不了的禍害，在其最壞的情況下，就成了不可忍受的禍害，其主要的意圖和目的是維護人類的自由與安全。」

一位熱情宣揚天賦人權捍衛人類自由的言說者的心聲躍然紙上，時代的土壤和個人的經歷孕育了潘恩，這種對人權和自由的闡釋，展現了啟蒙時代一位流亡思想者的銳氣與頭腦獨具，也深遠地影響了他身處和身後的這個世界。

一生以「世界公民」自許、在異國他鄉居住歲月超過家國故鄉的潘恩，是個天生的叛逆者，是祖國的異邦人，外國的異見者，一隻會思想的喪家之犬。這是一個少時就輟學的英國諾福克郡窮苦裁縫家庭的孩子，飽嘗了在社會上遭到失業、饑餓、虐待、歧視等等的各種磨難，因寫作支持英國下級稅吏要求政府增加工資的訴求，被認定有「反政府思想」而遭解雇，遂流亡北美。

　　到美洲還不到兩年，潘恩就以「一個英國人」署名出版了《常識》，吹響了英屬北美洲殖民地脫離大英帝國進行獨立戰爭的號角，成為北美洲家喻戶曉的人物。戰爭結束後，他卻受到排擠再度失業。

　　退隱到英國後，潘恩因為寫《人權論》號召英國人民仿效法國大革命起來徹底掃除封建勢力，被英國政府指控犯有「煽動叛亂罪」並下令通緝。他被迫再度逃離英國，連夜流亡法國。

　　到了法國，潘恩剛一登陸就被推選為法國國民議會的議員，參加起草了《人權宣言》和 1793 年法蘭西憲法，熱情參與了法國大革命時期的政治活動。但因反對處死法國國王而主張放逐，及反對雅各賓派的恐怖專政，被上台後的雅各賓派以「圖謀反抗共和國」的罪名投入了監獄十個月，又被拿破崙禁止出國十多年。

　　而在英國，當局又對他進行缺席審判，認定潘恩是非法之人，著作全部查禁，永遠不得重返英國。

　　返回到美國，潘恩卻因為出版《理性時代》持守自然神論觀點，遭到聯邦黨人說他是個「無神論者」的指責，隨即被他所熱愛的美國人民圍攻詛咒。晚年，他在紐約新羅歇爾窮困潦倒中孤苦度日，最後在所有人的敵意中含憤死去。

　　這個異鄉人的一生，度過的是顛沛的一生，同時也是異見者的一生。潘恩幾乎就是為反對和反抗而生的，他不能容忍一個建基於謊言或虛幻上的世界，他不能容忍人類走向一條自我奴役的道路。潘恩以獨立評說政事、反抗壓制自由為己任，作為一名對時代和歷史負責的評論家，他永遠難為當政者所容。無論走到哪裏，他都持續不斷地為自由和人權鼓與呼，稱得上是他那個時代最持之以恆兜售思想的人，一個永遠的反對派，一個不服從的世界公民，一個來自社會底層的自由之子。

　　沒有人在那個動盪時代像他那樣參與了那麼多的重大歷史事件，也沒有人的作品在那個動盪時代像他那樣造成巨大的影響。「世界就是我的祖國。」、「給我七年時間，我就會為歐洲每一個國家寫一部《常識》。」潘恩在美國、英國和法國三國鼓動革命，闡釋宣揚自由人權的要義和重要性，結果卻遭到誣蔑、審判、逮捕入獄、不得善終的下場，三個國家幾乎同時拋棄了他，兩次取消了他的國籍。

　　他承受著超乎想像的苦難，他那柔弱的心臟承受著接踵而來的痛苦，他為此也曾有過恐懼、頹廢和沮喪，忍受著寂寞、淒涼與橫逆，可是他的心裏始終有一粒希望的種子，那是童年時起就已在他的心裏種下的。他的心始終與底層的民眾和苦難的人類的命運貼在一起，他從來沒有被苦難徹底擊垮過，他從來沒有放棄過手中的批判武器，苦難絲毫無減他一貫的捍衛自由的信仰和活躍、犀利的思維。他一面承受著苦難，內心糾結著矛盾和痛苦，一面又構思著一個理想世界，在那裏所有的人都擺脫了苦難和不平等。他懷抱著一顆思想者的心走向自己的理想國和自由王國，把自由和正義之光帶給了人類的未來。他的文字作品就是自由的火把，這火把照亮了世上每一個人的靈魂，照亮了被奴役、被壓制的人們絕望的心，也照亮了全人類的自由之路。

　　苦難的潘恩，在同時代許多人的眼裏，是一個異端，一個叛逆者。在喜愛他的人眼裏，卻是一個理想主義者。在人類的思想史中，則是一個自由主義者，一個現實主義的革命者，一個激進的民主主義者。支撐他的思想基礎，是肇始於啟蒙時代的「天賦人權論」，由此，潘恩著述中最讓人感受到一種魔力的，便是他傾力論證天賦人權說的那些部分、那些段落。作為有生以來飽受歧視與排擠的底層人，潘恩比誰都懂得自由人權的價值和平等的可貴，他把天賦人權看成是高於一切的權利，它不是上層人賦予下層人的，也不

是當權者賦予民眾的，而是天生的、超等級的、超社會的和超政治的。

「英國王室並不神聖」，他說，我們只應相信一個真理，那就是「人權平等的光輝神聖原則」。

循著天賦人權的思路，潘恩將隆隆炮火對準古典專制的等級制度和君主專制政體，而將煌煌贊詞獻給代議制和他心目中理想的政體——共和政體。

共和制自然會也應當與代議制形式——公眾選出來的代表議事機構——結合起來，潘恩肯定地說，因為它的宗旨，乃是「增進公眾的幸福」。更因為在共和制的制度設計下，權力確乎出自人民自願，而法律在這樣的政治體制之中，就是國王。既然法律成了國王，那麼在這種政體下，過去的君王將從高高在上的王座上跌落下來，在沒有君王的國度裏，人人便皆享有自由平等的權利了。

好清晰的思路啊。這還不算，為了實現「共和」，為了「人人皆享有自由平等的權利」，潘恩更進一步從天賦人權說出發去論證——為什麼要將君王拉下王座？他是這麼說的：

> 一切社會權利和權力均根源和服務於天賦人權，人們參加社會和建立政府的目的是為了更好地享受和保護人權。如果政府不尊重甚至侵犯人民的正當權利，人民就有權推翻它並建立新的政府，也就是用抗爭的手段推翻暴政。
>
> 英國殖民者在北美的統治，是違反建立政府的目的的，北美殖民地人民有權予以推翻，建立自己的政府。不僅英國殖民主義者在北美的統治違反人權和不合法，而且英王在英國的統治也是建立在征服的基礎上的，是一個法國的野雜種帶了

一隊武裝的土匪登陸，違反當地人民的意願而自立為英格蘭
國王。

英王聽了這番邏輯推理，大概會惱怒到吐血。可是異鄉人戰鬥
的號角已經吹響！

既然連英王——法國的野雜種——在英國的統治都不合法，那
麼其在美國的統治更不合法了。這樣說來，北美人民起來反抗更是
正義的了。潘恩充滿激情地吹起戰鬥的號角：「啊！你們這些熱愛
人類的人！你們這些不但敢反對暴政而且敢反對暴君的人，請站到
前面來！」

他呼籲：「熱愛自由的人們挺身向前來吧！自由在全世界受到
追逐，亞洲和非洲將它驅除，歐洲也將它視為異己，英國也已對它
下了逐客令。接受這個逃亡者吧，及時為人類準備一個避難所吧。」

無可置疑，身居異鄉與漂泊流亡並沒有使潘恩在失落中消沉喪
志，更沒有失掉追求真理、說出真相，及思考人類命運的勇氣，他
用自己的流亡為人類思想領域構建了巨大的精神財富。作為思想
啟蒙者，潘恩的講述是自然的，自由的，也是嚴謹的，前後一致
的，甚至是振聾發聵的。他雖擁有一顆對苦難和歧視極為敏感的
心，可他同時擁有一種與苦難和歧視面對面進行抗爭的堅強意
志。他用他的全部個人體驗和他的信仰去呼喚每個人所應平等享
有的那份天賦權利，這是一個熱切靈魂的熱血、理性、悟性與文
化想像力的集中體現。正如他所說，只要我們能夠把一個合理的
政權形式，一個與眾不同的獨立的政體留給後代，花任何代價來
換取都是便宜的。他讓北美人民進行的獨立戰爭意識到肩負的歷
史使命不僅僅是為北美十三州本土而戰，更是為開創近代民主制
——共和政體而戰，為開闢世界自由民主的新時代而戰，並呼籲戰

爭結束後成立的美國政體應置於共和、憲政、自由和法治的制度框架之內。

潘恩從道義上同情和肯定被壓迫者以戰爭的方式奪回被暴力奪去的權利，並從法理上加以論證分析。他對於人民推翻暴政的權利的認可，飽含著一個受盡屈辱的底層人的反抗激情。潘恩用畢生的精力為被剝奪權利的民眾爭取天賦的人權，相反，他蔑視高高在上的貴族和當權者。在潘恩眼中，喬治三世只不過是大不列顛皇家畜牲，他用《常識》——這本小冊子——把英國國王和英國議會的權威撕成了碎片，他要阻遏這些權力狂妨害人類自由的正常發展！他還用他那樸素而又真實的語言，以一種說出真相的智慧和勇氣告訴北美人民：長期以來人們受到歷史久遠偏見的迷惑，為迷信付出了極大的代價。事實上「自由」，比所謂的「和平和繁榮」更重要，所以北美的政治方向和政治制度，不適用「荒唐透頂和毫無用處」的君主專制制度。他把發掘、訴說並謹守這些常識，看成是自己無可推卸的大責，也是人類通往自由之路須廓清的觀念體系。

自由的出發點是理性，唯有本乎理性出發，才能得出有著堅實基礎的真知灼見，由此導向的世界才是向上的。在當時那樣一個悶塞的時代和環境，潘恩無疑是一個在學術上和思想上打開僵結的人物，他以樸素的情感和天才的洞見預見到了人類的未來在於認可個人自由和人權的神聖性，他肯定了自由民主、理性人權、憲政共和的積極價值——並且他相信這是人類生存的永久價值，這些觀念始終一貫地浸潤在他的一系列作品裏面。潘恩作為人類自由的代言人，影響、參與了《獨立宣言》、《人權和公民權宣言》和美利堅法蘭西兩國憲法，這使他直接影響了兩百多年來整個世界、整個近現代政治文明體系的構建，兩百多年來用以建立世界秩序、指導社會運作的一些基本的價值準則，諸如人權、平等、民主、自由、共和、

法治等等，都可以從這位自由公民的思想中找到源頭。因此，他屬於世界上一切愛好自由的民族。

人類的坦途是自由。人生的目的是自由。人性的基礎是自由。世間萬物一切存在者都處於無庇護狀態，區區三尺身軀的人類尤其如此，也正因如此，人類需要創建一套保護自己生存安全的制度體系與價值體系。這其中首要的工作就是維護自由，乃因為自由是人生一切構建和一切活動的始原起點。在人類歷史維護自由的艱難歷程中衝鋒陷陣在最前頭的，無疑是閃耀在人類思想界星空中的那些思想家們。在這些思想家的群星譜像裏，又以一群人的努力最為艱苦卓絕，卻也最為成就斐然，他們以精神信仰為紐帶凝聚成一個身份，他們有一個共同的沉重卻榮耀的名字——流亡者，或者說，異鄉人。

在人類的各行職業中，這些可敬的思想流亡者們，他們以思想為職業、以漂泊為命運，在時代的動蕩中體驗著生存深淵直面著人生苦難，並且甘之如飴。這樣的名單可以開得很長很長，就十八世紀下半葉以來，就有伏爾泰、盧梭、拜倫、海涅、雪萊、赫爾岑、別爾嘉耶夫、雨果、托馬斯·曼、喬伊斯、阿多諾、喬治·奧威爾、哈耶克、茨威格、索忍尼辛、米蘭·昆德拉……

他們離開家國走向放逐，他們離開集體走向邊緣，他們在放逐地在邊緣處遠距離地觀照和思考。他們是精神的人，而不是物質的人。他們是有信仰的人，崇尚自由的人，而不是無所依憑的人，甘受奴役的人。他們堅持特立獨行，他們沒有任何團體可以依賴。在任何時代，這種人物都是很難受到大眾歡迎的，他們在現實社會裏經常遭到打擊陷入困境，個中艱苦冷暖自知。他們各自構成一個生活的孤島，同時也是一個精神的孤島，一個思想的孤島。他們在思想的探求中不斷前進，他們掙扎著要在薄霧中發出一點微光，他們

致力於不讓時代往地獄裏沉淪。他們永遠對權力保持清醒的頭腦，永遠在同不公義的奴役人歧視人的社會現實作抗爭，永遠在同不公正的社會制度和價值理念在戰鬥。他們是虛空的塵世裏一群沒有歸屬的異鄉人，他們孤獨，他們疲累，他們獨自流落在異國他鄉的土地上，值得他們傾心戀慕的，只有那遙遙天際上變幻莫測飄浮不定的雲朵。

異鄉人潘恩，無疑可以無愧地列席於這群光輝的異鄉人名單之中，即使是在異鄉人的成員之中，潘恩的遭遇也應歸於不幸之列，他的一生簡直就是不幸中的不幸。可是有了潘恩的時代是幸運的，有了潘恩的人類是幸運的。因為不幸的潘恩將他的每一滴血液，都燃燒在激蕩時代免除奴役爭取自由的事業當中，不幸的潘恩點燃的自由之光，終將會照遍人類生存世界的各個角落。

歲月的流逝逐漸形成既定秩序和約定俗成的觀念，人們願意從日常認識與經驗形成的固有觀念中獲得依靠和鼓勵。當一個時代被一種慣性思潮所籠罩，當一個時代的人們囿於偏見被蒙蔽了見識，或者大多數人處於不明白的困惑時刻時，提出置疑甚至打破舊有觀念無疑是一種離經叛道，伴隨而來的常是毀謗與迫害。其實在打破舊有觀念的同時提出來的令人耳目一新的新觀念，通常不過是常識而已。這種常識往淺裏說，是人人皆知的道理，往深裏說，卻是凌駕於所有知識、學識、經驗等等之上的人類內心最深處的共同價值觀。在十八世紀下半葉風雲起伏的變革浪潮面前，當幾乎所有的人都迷失了方向，對人類前景困惑不清，甚至那些偉大的政治人物革命家們都在迷惘的時候，清醒地把常識說出來的只有那些形單影只的少數人。慶幸的是在那群情激蕩的時代，正是有了這種人，勇氣才有了方向，自由才有了根基。這時，我們有幸看到，正是這位《常識》一書的作者，美利堅合眾國的命名人，《人權宣言》的起草人，

站在時代最前列的世界公民，終生漂泊的異鄉人，選擇了與眾人相反的方向，隻身上路，宣示常識，歌詠自由。

（寫於 2008 年 10 月 20 日，距離潘恩逝世兩百週年還有八個月。）

註：托馬斯‧潘恩（Thomas Paine，1737-1809 年），英裔美國思想家、作家、政治活動家、理論家、革命家、激進民主主義者。生於英國諾福克郡，曾繼承父業做過裁縫，後來做過教師、稅務官員，後來投身歐美革命運動，被廣泛視為美國開國元勳之一。

跌宕一生域外燒

　　前日在美西版的明報上看到的一則新聞讓我唏噓不已：有一代報人之稱的著名新聞工作者陸鏗，因肺栓塞導致呼吸困難，於美國西部時間08年6月21日下午7點05分，在三藩市聖法蘭西斯紀念醫院病逝，享年八十九歲。去年聖誕節假期去三藩市旅遊，在著名的九曲花街街道上穿山過巷的時候，我還在心裏念叨著這裏就是陸鏗先生晚年居住的城市，不知近幾年來罹患老年癡呆症的陸老先生身體狀況如何。沒想到半年之後，就傳來了老先生去世的消息。

　　今天上午11時陸老先生的遺體告別追思儀式在三藩市灣區的一家墓園舉行，儀式結束後由家屬為其遺體完成火化。按照老先生的遺囑，他的骨灰將由其子女帶回他魂牽夢繫的雲南老家安葬，以便還他落葉歸根的宿願。這一刻我在家中低頭為這位中國新聞界的前輩默禱，同時心中不可抗拒地想起聖經中保羅的那句名言：「那美好的仗我已經打過了，當跑的路我已經跑盡了，所信的道我已經守住了。」這句基督使徒的名言，可以作為陸老先生奔波漂泊一生的人生注腳。表面上看起來平靜的三句話，裏頭卻蘊含著披星戴月的艱辛。

　　這位公民是中國現代史的見證人及參與者，這位記者將八十年中國的興亡史看飽，這位先生一生的沉浮命運與現代中國的滄桑流變難以隔斷得開，這位老人為他愛之真切的「中國」這兩個字受了一輩子的苦和罪。如今陸鏗先生以望九高齡為自己的跌宕人生落下帷幕，將他的一把老骨頭燒在了離家千里的域外。可是，生於五四、

卒於奧運的陸鏗先生並沒有走入歷史，他傳奇式的報人生涯、他長期堅守的記者職責和他畢生執著追求的人生信念──新聞自由在中國實現，讓許多喜愛他、尊敬他的人，和那些與他一樣有著強烈中國情結的海內外華人感到回味，感到心傷，也感到焦慮。

堅守新聞信條，秉持新聞記者的志節工作，最後一個新聞老兵的離去

「激揚文字一甲子，屹立報壇六十年」，陸鏗的一生與新聞須臾不可分離，也一生對新聞事業熱情不減。這位說他下輩子還是要當記者的新聞人，在抗戰期間於重慶的中央政治學校新聞專修班畢業後，任職於中國國際廣播電台，成為中國自有廣播以來最早的廣播記者。從在政校讀書時起，陸鏗就受到董顧光、馬星野等在美國接受新聞教育洗禮的師長影響，培育了自己的新聞自由理念。

陸鏗是受其老師、國民黨元老于右任的勉勵之下，而走上新聞工作這條人生道路的。作為中國現代新聞業先驅者的于公的一段話讓陸鏗記住了一輩子：「為維護新聞自由，必須要恪守新聞道德。新聞道德與新聞自由是相輔相成，沒有新聞道德的記者，比貪官汙吏還可惡。」今天回頭觀看陸鏗的長期職業生涯，他確實是一位以新聞職業道德為生命的記者，不慕名利但求筆耕，不懼危險但求還原公眾知情權。

陸鏗畢業後不久，和同學一同經營《僑生報》，隨後在國內率先發布了太平洋戰爭爆發的消息。二戰中陸鏗赴歐洲盟軍總部，任中國駐歐洲戰地記者，採訪過艾森豪威爾、麥克阿瑟與馬歇爾等美國將軍，還探訪過納粹德國的戈林等戰犯，在血與火的戰爭硝煙中實現著新聞人為國為民的價值。

抗戰勝利後《中央日報》復刊，陸鏗與報社同仁堅持「先日報，後中央」的原則，以「新聞第一」為辦報理念，也就是先遵循新聞理念，再顧及黨報立場。陸鏗在 1947 年揭發孔宋等人貪汙外匯三億多美元（當時全國外匯僅五億多美元），就是這一理念的典型之作。當時日報的財經記者漆敬堯不負陸鏗使命取得調查報告，陸鏗則寫了大篇幅報導曝光孔宋家族貪汙。由於是國民黨機關報揭發自己黨國大員，因而引起國際上的極大震撼。陸鏗被國民黨專案小組和蔣委員長嚴詞相逼，但他抱著「不要腦袋」的決心，堅持不肯說出消息來源，最後蔣以不處分結案。這種堅守新聞信條，保護消息來源的新聞人的志節，實在是二十世紀中國新聞史上所罕見。

1940 年代後期，陸鏗採訪國共與美國的談判，對國府代表徐永昌不肯透露消息，也不願見他深感不滿，最後竟在《中央日報》發表「徐永昌失蹤」的新聞，引起軒然大波，使得蔣介石和美方代表馬歇爾關注，也迫使徐永昌最終接受了他的採訪，並在以後成為他的重要消息來源。陸鏗因此事激怒了黨報上司，從此他脫離了國民黨，成了獨立記者。

老年的陸鏗在香港和美國奔波，或與友人創辦報刊、雜誌、或者主持筆政，評論時政，仍然不改記者本色，依然是聲如洪鐘，更是老當益壯。他的記者同事兼老朋友漆敬堯形容他的話仍然沒有過時：「哪裏有新聞，他就出現在哪裏！」

自上個世紀中葉開始以來，不論是大陸還是台灣，都很難看到專業記者的身影。國共分治的歷史，使得華人世界的土壤裏無法孕育出謹守新聞專業守則的職業記者。雖然在八年抗戰中中國湧現出不少的優秀記者，但是他們在接下來國共內戰的夾縫中，被迫選擇立場，無法保持新聞人的客觀中立立場。留在大陸的記者，要麼是加入共產黨的文宣隊伍，做紅色政權的一顆螺絲釘，要麼就是被批

鬥被整肅被關押甚至被虐殺，幾乎無一倖免。隨國民政府遷台後去台灣的，或者是改行不問政治，或者是在新聞界學術界中苟且偷生，寫些悠閑的避世文章，或者甘願成為壓制新聞自由的文宣打手。

囿於當時這種國共兩黨均為專權執政的政治現實，華人世界的傳媒界一度很難得到成長的機會。在相當長的歷史時期，都難以尋覓真正以新聞工作為終身事業的資深記者。到了上個世紀八、九十年代，要論真正的新聞記者，尤其是對兩岸的政治時事，都能保持密切的關心，並且思想仍能跟得上時代，能與權力保持距離、思路清晰的，數來數去，唯有陸鏗一人而已。難怪台灣作家司馬文武形容陸鏗是華人新聞界的「海峽兩岸第一人」、「一匹永遠奔馳中的野馬」。

歲月的紛紜中淘洗出不怕火煉的真金。陸鏗的一生可謂是為新聞而生，為新聞而受難，為新聞而漂泊。作為保持著那個時代新聞銳氣的中國早期新聞記者，陸鏗在二十一世紀初期的故去，象徵著華人世界新聞史上一個時代的落幕，也是民國早期年代那一輩真正新聞記者群體的光榮收場。

畢生追求新聞自由，不附和當權者，開罪於國共兩黨

陸鏗的一生精彩紛呈，與眾多國共兩黨高層、兩岸三地名流有著或深或淺的交往，也多次陷入可怕的政治漩渦。陸鏗一直試圖保持新聞記者客觀中立的立場，但因堅持新聞自由理念，他先後坐過國共兩黨二十二年牢，出獄後又同樣因堅持新聞自由理念而得罪國共兩黨，同時被海峽兩岸當局列為黑名單。

1949 年 4 月，陸鏗在廣州辦《天地新聞》，因為報導中研判共軍可能的登陸地點而被捕入獄，報館也被查封，後為于右任、閻錫山所救。

　　1949 年雲南淪陷，陸鏗急欲從日本回昆明接家眷。誰知一下飛機，就被中共以「代表閻錫山來接管雲南」之罪而逮捕。被關四年後，在作家冰心的保證「陸鏗是新聞記者，回昆明是為接家眷」之下而獲釋，出獄後成為雲南地區的民主人士。

　　1957 年中共提倡大鳴大放，號召黨外人士給共產黨和政府提意見。在共產黨「誠心誠意」的懇求下，陸鏗提出三點意見：一、建議中共考慮改變對美國的態度，化敵為友；二、建議各大學改學英文，學俄文是不可能現代化的；三、建議准許老記者辦民間報，唱唱對台戲也不妨。次日雲南各大報頭條都是陸鏗的三條建議，十天後鬥爭正式開始，上千人輪番嚴斥他為什麼要說中共的「壞話」，於是陸鏗開始了牢獄生涯，前後長達近二十年，於 1975 年因毛澤東特赦國民黨官員而出獄。對於陸鏗當年的建議，如今前兩條早已成為中共主動實施的政策，陸鏗卻因早說了二十年而陷身囹圄，第三條的落實也是遲早的事。這印照了那個年代的荒謬。

　　經歷過共產黨的「思想改造」、「不人道的勞動」種種磨難，陸鏗仍發揮他的記者責任，將獄中看到的事情、採訪到的其他犯人情況記敘下來。赴香港後，1979 年 10 月，值中共建政三十週年《明報月刊》組織一個專輯點評，陸鏗以「陳棘蓀」的筆名發表了一篇一萬多字的《三十年大夢將醒乎》來全面評價中共政情，造成轟動效應，被中共稱為是「三十年來反共最惡毒的一篇文章」，引發大陸官方不滿。

　　1982 年，陸鏗公開評論蔣經國身體健康不理想不應連任總統，被中華民國政府列為不受歡迎名單。

　　1985 年 5 月，陸鏗在中南海訪問時任中共中央總書記的胡耀邦，整理成《胡耀邦訪問記》發表在同年 6 月出版之《百姓》半月刊上，後成為導致胡耀邦下台的罪狀之一。1990 年，陸鏗又因協助新華社香港分社社長許家屯赴美，名列中國政府黑名單。

　　觀看兩岸三地傳媒界，華人世界現代媒體的現狀並不令人滿意。中國大陸的傳媒界幾乎全都甘願或被迫受當權者操弄，隨當局的指揮棒起舞，稱之為萬馬齊暗並不太過分。香港的傳媒回歸十多年來相當一部分逐漸進行自我審查，喪失了傳媒應有的立場。台灣雖然在政治民主化後實現了新聞自由，但是一度陷入藍綠黨派爭鬥，相當多的傳媒之表現令人難以恭維。而自稱一輩子只幹了記者和囚犯兩個職業的陸鏗，在時局動盪中一生堅守傳媒人的職業要求，確實不易。特別是他在受了二十多年的牢獄之災後，依然直言不諱，不肯附和當權者，依舊報導公眾有權知曉的事實，仍能做出客觀中立的評論。這種新聞人的風骨，值得後世尤其是華人傳媒界引為職業楷模。而這種一切為了新聞、不肯向當局低頭的硬骨頭的專業作風，也最令我們後人欽佩。

呼喚新聞自由，呼喚民主政治，告慰陸鏗先生

　　陸鏗跌宕起伏的一生，經歷了二十世紀中後半葉的抗日戰爭、世局動亂、國共內戰、中共立國、反右文革以及兩岸關係的風雲變幻。他本人則在這數十載的世事擾攘之中閱盡滄桑，飽嘗了人世間的悲歡離合與酸甜苦辣。幾番折騰，陸鏗這匹新聞界的野馬，為兩岸三地的新聞界留下了無人能及的歷史紀錄，成了華人新聞史上一個罕見的歷史檔案。在他八十九年長長的一生中，幾乎步步都在翻越刀山劍樹，弄得經年遭難，滿身傷痕。在中華這塊土地上，他的身心確實是太疲憊、太憔悴了，最後，只好飄洋過海到異國他鄉的美國西海岸化為一縷輕煙。

　　除了相濡以沫陪他走到人生盡頭的老伴，陸鏗似乎一無所有，然而他卻在華人的新聞史上留下了一串堅實、清晰的腳印。如此說

來，他可以死而無憾了。但事實上，我們從他的著作《陸鏗回憶與懺悔錄》和《大記者三章：記者的精神與作為》中看得出他有著滿心的遺憾，也就是他沒有親眼看到他渴求一生的民間辦報、採訪自由和新聞自由在中國大陸得以實現。也許，人類中沒有任何一種職業的人，比被稱之為「無冕之王」的新聞記者更需要自由的空氣與開放的空間。陸鏗一生的苦難，把時局的動盪和制度的禍害揭示得無以復加，從他個人的命運中看得出幾乎一整個時代的荒謬。這是他個人的苦難，也是一個民族的悲劇。

薩特說過：「散文藝術與民主制度休戚相關，只有在民主制度下才保有一個意義。」我想，同樣的，唯有在民主制度下，新聞才有生命，新聞才有真正的意義。陸鏗的一生遭遇讓我們很清楚地看到，光有為國為民的熱情，沒有民主的制度保障，沒有新聞自由的實現，再好的記者也無處容身。

如今陸鏗已經離去，而兩岸三地的記者群體則還在政治、商業與娛樂的洪流中載浮載沉。台灣雖然早在二十年前就已解除報禁，並已初步實現民主政治，擁有充分的新聞自由環境，卻因政黨惡鬥與媒體的過度競爭，新聞自由的成熟與完善尚需時日。作為特區的香港自回歸以來，自律、自我審查在香港傳媒界變得越來越普遍，新聞自由度遭遇一定程度的收縮。

最令人遺憾的是，當今中國大陸的新聞自由度在全球近二百個國家中居於後列，當局通過或明或暗的手段對新聞出版及資訊輿論進行了深度的控制，近幾年來對新聞自由和表達自由進行了嚴厲的扼殺，記者的執業環境相當嚴峻，記者的權利和尊嚴難以得到保障。在經歷了一甲子歲月後，像抗戰時期與民國早期民營報紙蓬勃發展的景況已經很難看到，執政者對傳媒界的寬容也很難見到，民間社會的言論空間很難得到成長。當年的國民黨喉舌《中央日報》

尚有「先日報、後中央」之理念，今日的共產黨喉舌《人民日報》等黨報連「先日報」都談不上，更談不上為民發聲了。北京奧運前後採訪自由的承諾成了畫在牆上的餅，新聞自由在四川大地震中也只是曇花一現隨即加以縮緊。在當前的中國，像陸鏗那樣敢於不附和當權者、勇於追求新聞第一的記者等傳媒人士更顯得難能可貴。

所幸的是，中國大陸近年來湧現出《南方週末》、《南方都市報》等在一定範圍內敢於按新聞規律運作的傳媒，更出現了《南方都市報》前編輯程益中、喻華峰、記者陳峰、南方報業傳媒集團副總編江藝平、《中國青年報》冰點週刊前編輯李大同、盧躍剛、《壹報》主編翟明磊等新一代報人，為中國的新聞傳媒事業留下了火種保存了生機。但是，中國大陸民眾人人皆享有言論自由、出版自由和新聞自由的民主時代還沒有來臨，這需要寄望於保障新聞自由法律的出台和制度的保障，特別是民主政治在中國大陸的最終實現。

狂風不終朝，長夜終有明。好在大江總是向東海奔流的，歷史潮流是不可抗拒的，民眾的心靈自由是任何政權都不能永久地禁錮的。同為華人世界的台灣這二十多年來走過的民主化道路即為明證。對於中國來說，雖然實現新聞自由的道路絕非輕而易舉，但新聞自由不是夢，新聞自由是光在照耀中華，新聞自由是一條已經能看得見曙光的自由之路。

歷史已經證實並將繼續展示：自由從來離中國就不那麼接近，但自由絕非看不到希望，自由已經不會太遙遠。在這樣的宿命中煎熬忍耐，也許需要的正是陸鏗先生那樣的樂觀，需要的也正是陸鏗先生那樣的堅韌。等到有朝一日新聞自由最終在香港、台灣特別是在中國大陸得以完全實現，性情爽朗、聲如洪鐘、身

在域外燒、骨灰埋故鄉的陸鏗先生在九泉之下必定含笑欣慰喜
欲狂。

（寫於 2008 年 6 月 26 日，陸鏗先生遺體告別儀式當天。）

註：陸鏗（1919-2008 年），號大聲，筆名陳棘蓀，雲南保山人，新聞媒體人。
　　著有《陸鏗看兩岸》台灣遠景 1996 年 3 月初版、《陸鏗回憶與懺悔錄》
　　台灣時報出版 1997 年 7 月初版、《大記者三章：記者的精神與作為》台
　　灣網路與書出版 2004 年 9 月初版。

自由思想紀念碑

　　時光流走在永恆的河裏，誰是在那幽昧的思想暗夜裏，不屈不撓謳歌自由的旅人？

　　08 年 8 月 3 號深夜，有這樣一位俄羅斯老人、作家索忍尼辛因心臟衰竭在莫斯科結束了一趟飽經風霜的人生旅程。清晨起來時，早間新聞的這一消息報導讓我頓然錯愕，一時間感慨萬千。我想起普希金逝世前夕的詩作《紀念碑》裏的名句：「整個偉大的俄羅斯都會聽到我的傳聞／各種各樣的語言都會呼喚我的姓名／因為我曾歌頌過自由／我還為那些倒下的人祈求過同情。」

　　這首原是普希金一生文學創作的總結或遺囑的政治抒情詩，放在剛剛離世的索忍尼辛身上，真是恰如其分，也映現了俄羅斯獨立知識分子傳統的薪火相傳。因為經歷背景的相似，中國知識界對索忍尼辛格外親切，把他看作精神上的父親和兄長，年長者稱其為索兄，年輕者稱其為索翁。他可稱得上是俄羅斯民族的父親，在那殘酷的年代裏艱難記述這個國家倒下的人們的苦難，為這個史上最龐大的專制帝國作為一個整體圖景的被拋棄，提供了充沛的精神支援與道義基石。今年盛夏，全世界各國媒體用不同語言紛紛出專號來紀念索忍尼辛，紀念他在往昔沉重的歲月裏歌頌自由的苦辛。這些文字與他的作品一道已經定格在歷史裏，為這個騷動的世界留下了一座自由思想的紀念碑。

個人與巨石搏鬥的不朽傳奇

作家的首要職責不是發表意見，而是講出真相，通過描述真實現狀，使公眾不輕易聽信於各種精神劫掠者。可並不是所有的作家都能做到這一點，尤其在那些封閉的社會裏。1974 年冬，在遠赴瑞典領取諾貝爾文學獎時，索忍尼辛談到，文學是為人類的藝術，精神永遠高於苦難的現實，文學所蘊含的真實的力量可以摧毀謊言構築的世界。

顯然，在當時巨大的鐵幕底下，這是一種危險的思維，但這卻是自由的思維，解放的思維，其價值將不朽於時代的遷變。用索忍尼辛後來總結自己一生的話說，他的所言所行從未違背自己的良知，他的全部創作，都是「希望俄羅斯的苦難歷史——我用了畢生精力來向人們努力還原歷史的本來面目——能夠讓人們和俄羅斯以史為鑒，保持清醒頭腦」。

身為一名作家，索忍尼辛沒有背棄他的使命，他努力讓全世界穿透層層遮蔽看到了蘇聯帝國真正的樣子，和現實中真實發生著的事情。這一切與蘇聯當局營造的那副畫面相距甚遠。同時，他也促使全世界開發和動用大家頭腦裏潛在的另一套思維，因為黑暗的程度遠超過善良人們的想像。他的這種描述讓表面上固若金湯的帝國搖晃起來，從此出現巨大的裂縫。

那些正式出版的與通過各種渠道在地下流傳的，以及在西方國家先後發表的作品，使得他和物理學家薩哈羅夫並列為當時蘇聯地下反抗力量的精神領袖。這些作品，毋庸置疑對整個俄羅斯文學有著相當卓越的貢獻，成為俄羅斯文學的偉大文學遺產，也使得俄羅斯知識分子這種對自由、對人道主義和民族精神的追求，贏得了全

世界的尊敬和對蘇聯問題的強烈關注。讀他的作品需要不那麼脆弱的心理承受力，那既是一次沉重的閱讀旅程，也是一次艱難的精神探險。他從 1960 年代初陸續發表的《伊凡‧傑尼索維奇的一天》、《第一圈》、《癌症病房》、《古拉格群島》等中長篇小說，將極權統治的專制與暴政盡現在讀者眼底，讓無論是否經歷過專制社會的人們都能產生惶恐不安與膽戰心驚的感受。這些帶著強烈真實印記的作品，在作家理性與悲憫的文字中，讓人非常清晰地看到帝國內部一排排苦難的靈魂。而最終呈現給世人的，是任何時間都篡改不了的真相，因為人們已經看到苦難有多深，血淚有多濃。

自人類有文學以來，對人類命運產生重大影響的作家可謂鳳毛麟角，索忍尼辛可算是一個。他最有影響力的巨著《古拉格群島》既是一部前蘇聯共產政權罪行的編年史，也是在為歷史、特別是極權主義的歷史重新安排歸宿與命運。在二十世紀的特殊時代裏，在那個沒有任何人能夠正常呼吸的國家裏，出現一個人把俄羅斯民族不幸的悲劇命運公佈於世、道出真相，把那一片片既真實又虛構的「群島」從秘密檔案、刑訊室、勞改農場、流放集中營和無數殺戮中的所有素材匯集起來，蘇俄帝國的轟然倒塌就只是一個時間問題了。偉大光榮強大的巨無霸國家說，在國家政權面前，個人是微不足道的。可是孤獨敏感弱小的索忍尼辛說，這句話不對。他把這句話給徹底打破了，他讓一個強盛的超級帝國，就這樣坍塌在一位作家長與寬均不超過二十公分的書稿上。

這是個人與巨石搏鬥並最終得以戰勝的不朽傳奇！這個故事展現了一個知識分子獨力抗爭專制的智慧與勇氣。他的反抗堅守在信仰層面與道德層面而不是只停留在政治層面。歷時一千年之久的東正教信仰使索忍尼辛堅信並告訴世界，十九世紀後期從西歐輸入

的馬克思主義，不能征服有信仰的巨人般的俄羅斯民族，建立專制大帝國的夢想與一個高尚的民族絕對不能相容。同時，他那雙銳利的眼睛也看清了尼采等思想家以「上帝已死」為口號的觀點主義所給世界帶來的災難性後果，他篤信極權主義絕非永久和不可動搖的。動搖這一龐然大物的根基，需要重建信仰意識，以及道德意識的復甦。因為他信奉的準則是道德超越政治，永恆大於暫時。

珍重個體的精神自由和生命尊嚴

觀看從黃金時代到蘇俄時代的俄羅斯文學傳統，從十九世紀的杜思妥也夫斯基、托爾斯泰，到二十世紀的索忍尼辛，是一條清晰的珍重人作為個體的精神自由和生命尊嚴的精神譜系。這是俄羅斯文學近千年來最優秀的文學傳統。索忍尼辛的確是無愧於這一傳統的優秀傳人。正是從這樣的文學精神資源出發，他以被捕、坐牢、被開除、遭流放的親身經歷敏銳地挖掘了蘇俄不義的極權統治對個人精神自由和生命尊嚴著力摧殘的本質。他的作品始終在揭示「處於備受屈辱時刻的人的品質」，體現了對不可摧毀的「人的尊嚴」的肯定和對破壞這一尊嚴的企圖的激烈持續批判。

索忍尼辛冒著生命危險來寫的煌煌巨著《古拉格群島》等集中營文學，就詳盡記述了極權對個體的蹂躪過程，同時又記述了人類的高貴精神如何在極端艱難的處境中頑強不屈地成長。譬如群島中的一個勞改營裏，犯人們頑強不屈地進行創作，內心追求著真善美，通過文字表達對真理的愛。索忍尼辛讓筆下的犯人們反覆傳頌著詩人沙拉莫夫的詩歌：「我自己知道：這不是遊戲／這意味著死亡——槍斃／但是，像阿基米德一樣／即使為了獲得生命／我也絕

不放下這支筆／這張已經展開的紙／我絕不把它揉棄」。這種哪怕面對死亡，仍要爭取個體的精神自由和生命尊嚴的努力和抗爭，一直以來打動了世界各國千千萬萬的讀者們。

可以說，索忍尼辛的創作是記憶的文學，是見證的文學，是抵抗遺忘的文學。後世的人類要瞭解二十世紀的俄國乃至全世界，就必須閱讀他的作品。喚醒記憶並讓人正視這種記憶，喚起人們久已麻木的尊嚴感和同情心，正是這些作品的最大價值所在。索忍尼辛的寫作是為了真相而寫，是為了不遺忘過去而寫，而終將成為歷史的真相需要一雙慧眼來發現並記錄下來。正是從個體的精神自由和生命尊嚴出發，索忍尼辛發現整個帝國病了，它呈現出來的病狀顯示它患了晚期癌症，這將導致這個表面上強大的國家瀕臨死亡的邊緣。這種意識形態下的國家之所以能建造出來，據說是為了保障國民個人能過上最幸福的生活，可它卻一再以幸福為由誘使每個人把自由交出去，最終自由不知不覺間消逝了，自由變成了奴役、國民變成了奴隸。

索忍尼辛以自身肉體與精神自由被踐踏的親身體驗，發出了個體的呼喊和控訴。他的一系列集中營文學作品警示世人，任何以國家、民族和集體等群體的名義消滅個體的行為，都是在建造一個個將人道主義踩在腳底下的「古拉格群島」。他進一步提出了一個本源性的問題，並不是暴君對人不人道，而是人對人的不人道。史達林專政並不是歷史上人性歷程中的某個失常狀態，人類心中的惡是一個永恆的世界性主題。這種對人性、對人類的反思，達到了人道主義文學傳統的一個新高度。正如瑞典皇家學院在 1970 年諾貝爾文學獎的授獎詞中所說，由於索忍尼辛的創作中的道德力量，藉著它，展現了「人道主義的精髓」。

具有強烈宗教情懷的索忍尼辛展示出，無論專制統治的殘暴把人貶低到何等地步，都無法把人性徹底泯滅。人雖在原罪驅使下墮落，但上帝的影像依然在內心存在。也就是說，良心比生命本身更重要，良心比生活更有價值。索忍尼辛的作品，不僅為一切死於非命的蘇俄人建立了一座永恆的紀念碑，還先知式地給其他極權國家的人們帶來撫慰與啟示。在人們的心目中，索忍尼辛不僅代表著俄羅斯的良心和文化的主教，也代表著一切受冤屈的人類與被欺壓的人類的良心。

向異議知識分子提出了一道道德難題

自從 1960 年代開始，索忍尼辛逐漸在俄羅斯文壇成名並獲得世界性的聲譽。但作為前蘇聯最著名的持不同政見者，他的作品和本人開始被封殺、被作家協會開除直至驅逐出境，流亡西德、瑞士和美國。1978 年他受邀在哈佛演講時，卻對美國道德墮落、玩弄法律、濫用人權等陰暗現象大肆抨擊，此後在美國過著無人理睬的生活。蘇聯解體後，1994 年他重返故國後，又孤身一人在全俄各地巡迴演講，主張用道德情懷來拯救民族的墮落和民主的錯亂，這些意見在當時的俄羅斯幾乎引不起多大的回應和關注。

繼在蘇聯時代被關十餘年後，他在美國又被冰凍近二十年，回到俄羅斯後又被冷落十年。索忍尼辛一生大半的歲月都在孤獨落寞中度過。但他卻堅持做自己，冷落和誘惑並沒有使他改變自己對俄羅斯民族的信念和對人道主義、獨立思考的信念。這種對冷落和誘惑說不的風骨，對唾手可得的榮華富貴的不屑一顧，顯然有著強大的精神境界在支撐著他。這種境界在當代社會裏可謂是絕無僅有，世所罕見。

　　索忍尼辛這種獨立知識分子的風骨，可以說是向現代資訊社會中的各國異議知識分子提出了一道道德難題，也即如何保持住中國學者陳寅恪在 1929 年所作王國維紀念碑銘中提出的「獨立之精神、自由之思想」。最近的一期《經濟學人》雜誌就以索忍尼辛為封面，提出一個引人思考的觀點，這也是當代「知識分子論」的一個課題，那就是近年來無論在不民主或民主的社會，由於體制改變，知識分子的角色早已邊緣化。在尚未民主化的國家，由於追求經濟目標已成了時代主流，出現知識分子與體制合作的潮流。而在富裕的民主社會，雖然不會明目張膽地壓迫知識分子，但會對異議知識分子採取驅逐、冷落的態度使其日漸失去發言場所。

　　這樣在當代這樣一個資訊時代，各國異議知識分子的生存空間都變得越來越狹窄，難以保持知識分子的本色。因此，由索忍尼辛的逝世，除了讓人緬懷和追念他那種難得的學人風骨之外，其實也給各國的異議知識分子們出了一道道德難題，即如何在風雲變幻的全球化時代挺身而立，堅守住自己的良知陣地，頂住誘惑與壓迫的重重吸引力和巨大阻力，敢於體驗生存深淵並進入深淵揭底，接續自由知識分子的香火，以真血性和真情懷去把握時代的命脈並做真正的學者、哲人、思想者、知識分子。索忍尼辛的作品需要品讀，索忍尼辛的精神更需要傳承。

　　索忍尼辛的作品在打壓與解壓的交替中一直盛行不衰，他在世界文學之林最終創造出了屬於他的美，在這個世界的文化和思想寶庫中占據了重要的一席之地。這美就像一束強光，穿透了時間和空間的阻隔，啟迪了一代又一代欲瞭解歷史、欲欣賞文學的人們的心靈。這是一種撼人心魄的大美，而支撐著這樣的大美的，是這位前蘇聯及俄羅斯作家對人類的大愛和對人生的大勇。這種穿越時空的

163

大愛和大勇，使得他那飽經磨難的文學作品和漫長人生，能夠足以燭照未來。

（寫於 2008 年 8 月 7 日，索忍尼辛逝世後第四天。）

註：亞歷山大・伊薩耶維奇・索爾仁尼琴，中國大陸譯作索爾仁尼琴，台灣譯作索忍尼辛，港澳譯作索贊尼辛（俄文：Александр Исаевич Солженицын，拉丁化：Aleksandr Isayevich Solzhenitsyn；1918 年－2008 年），蘇聯—俄羅斯作家，蘇聯時期著名的持不同政見者，諾貝爾文學得獎者，俄羅斯科學院院士。

她是窮人的光

　　對於全世界的窮人來說，德蕾莎修女的名字是一束光亮。這位終身服事窮人的修女也被世人親切地稱為德蕾莎嬤嬤。去年的九月，是她逝世十週年的日子，信徒們來到印度加爾各答嬤嬤的墓碑上擺放花環來紀念她，她親手創辦的診所與學校舉行悼念活動，信徒們和前來瞻仰的民眾都點燃蠟燭，表達對嬤嬤的追思。十多年過去了，我們身處的這個世界依然充斥著戰爭、極權、窮困、怨恨和多得數不清的苦難，但無論怎樣，世間曾經有過一個德蕾莎嬤嬤，這讓我們的心裏多少有了一絲溫暖和安慰。

　　在這個晚春初夏的月份中，這位聖徒般的人物構成了我閱讀的一個篇章，也構成我對自身省察的一面鏡子。月初在圖書館裏同時借了一本書和一張 DVD，書是湖北作家華姿的《仁愛不死——德蘭修女的一生》，DVD 是義大利 2005 年出品的影片《加爾各答的天使——德蕾莎修女》，這兩部作品讓我再次為嬤嬤服事窮苦人的血性與情懷所震撼。於是十九年來原本年年哀傷的六月，成了我的 2008 年上半年格外珍貴的一個月。我終有機會完整而又直觀地看過了一個心儀已久的高貴靈魂的一生，我也看到了世間確有一種精神力量可以勝過一個又一個不可一世的政權且能存之恆久。

　　這是一個令人熱淚盈眶無法不感動人心的一生，這是每一個老師都應該在課堂上給學生講述的素材，這是每一個家長在家裏都應該告訴孩子的故事。如今，嬤嬤雖然已返天鄉，但她的德澤至今仍持續並將長久煥發出精神生命躍動的內在光輝，包括她在世界各

165

地所散播的慈愛、所行的善業，和思想上那些平凡卻又深刻的真知灼見。

讓信仰發光發亮

這個出生於上個世紀初塞爾維亞一個富商家庭的女兒，她來到人間的使命仿佛就是為了服務窮人。因為受到神的感召，從十七歲時成為全職事奉的修女，到八十七歲時離開人世，嬤嬤一生幾乎一直都在加爾各答為印度最窮苦、最低賤的人服事。

上個世紀中葉，加爾各答的貧民窟既多又髒，在全世界大城市中是出了名的。當時印度分治、印度教徒與回教徒爆發內戰，血腥衝突不斷，加爾各答城內遍地都是窮困、殘障和貧苦者的絕望哀嚎，以致被時任印度總理稱之為噩夢之城。嬤嬤所服務的修會就位於其中最貧窮最骯髒的地區，在哀鴻遍野的景象中扶助那些受盡苦難的窮人。

1950 年 10 月，在到一個美國醫護修女會學習了醫療護理之後，嬤嬤與其他幾位修女，向加爾各答市政府申請到一間舊寺廟裏的兩個房間，成立了一個專門無償服事窮人的組織──仁愛傳教修女會（Missionaries of Charity，又稱博濟會），並將教會的修女服改為印度婦女傳統的以白布鑲上樸素藍邊的制服。嬤嬤的團隊其後整日與那些滿身是病、渾身髒臭、衣不蔽體的窮苦人、流浪者生活吃住在一起，醫治照料他們。兩年後，嬤嬤在仁愛傳教會之下創辦了第一個分支機構，這是一所名符其實的貧病、垂死者收容院，名字在孟加拉語中是「清心之家」的意思。七年後，嬤嬤分別又在印度首都新德裏和蘭奇設立了兩座這樣的垂死者收容院。

期間，嬤嬤又設立了一所露天學校，專門收容失學兒童和流浪孤兒，一面給予他們教育，一面為他們尋找願意收養的人家。不久

之後，嬤嬤開始關注痲瘋病人的境況，這種已可治癒的疾病被當時的人們視為瘟疫，致使病人被周圍的人遺棄，心靈之痛遠勝於身體病痛。嬤嬤為此開辦了許多痲瘋病人收容診療中心，多年後竟使孟加拉大城市吉大港的痲瘋病治癒率達到了百分之百。

在長期的服事生涯中，嬤嬤一刻也沒有停歇。為了服事窮人，她首先將自己變成了窮人，她的追隨者們也仿效她過著窮人的生活，以便成為窮人的朋友。她收治被遺棄的危重病人，給予悉心護理。她用雙手揀拾垃圾堆中的棄嬰，收養貧民窟裏饑寒交迫的孩童。她清洗痲瘋病人身上的傷口，抱著傷心絕望的孤苦者，收容無家可歸的流浪者。她醫治老弱病者的傷痛，領回街上垂死的被遺棄者。她緊握過無數臨終時無人過問者的手，並合上他們的眼睛，陪伴他們度過在世上的最後時光。她給孤苦的瀕死者以臨終的關懷，最後按死者自己的宗教信仰和風俗習慣辦理後事。

嬤嬤那雙溫暖的手，向窮苦無告的人，傳達了無盡的愛。她讓無數悲慘的人感受到尊重、關懷和愛，讓他們有尊嚴地活著，有尊嚴地死去。她知道人類生存的地球是一個光明與黑暗並存的世界，因此她用自己全部的一生來拒絕黑暗，來盡量讓光明延伸到世界各個角落。

嬤嬤的所作所為使她在 1979 年獲得諾貝爾和平獎，這被譽為繼 1952 年史懷哲獲得諾貝爾和平獎以來最沒有爭議的一位得獎者。往後的歲月她仍持續奔走各國，宣揚神愛世人的理念，呼籲世人幫助那些窮苦的人群。1997 年 9 月，這位勞苦了一生、沒有任何爵位或官位的修女出殯的那一天，印度全國為她舉行國葬。在她的遺體被擡起來的時候，包括印度總理在場的所有印度人統統下跪，因為沒有人敢站的比她還高。她在死後也被尊敬和愛戴圍繞，她的事跡激勵了許許多多的人從不同的國家來到印度為窮人服

務。離世之時，她創建的仁愛傳教會有四億多美元資產，在她無數的追隨者中，有七千多名正式成員服務於這一機構，她贏得了全世界人民的愛戴。然而，當她去世時，她全部的個人財產，就是一雙涼鞋、三件舊衣服，和一張耶穌受難像。

在每一個窮人身上看見耶穌

德蕾莎嬤嬤是一位活出來的慈善家，她相信真正的奉獻此生，就是走進窮苦的人群，與他們一道承受苦難。因為耶穌說過，與哀哭的人要同哭。她無力改變整個世界的黑暗，就努力使自己身邊的地方變得光明，人們從她那布滿皺紋的臉上看到了神性的光輝。

嬤嬤對窮苦人盡心服事的熱情終身不減，而這股熱情之所以能夠數十年如一日地燃燒不止息，不可能單單憑藉人類自身意志的驅動。只是因為，嬤嬤在十二歲時進入一個教會的兒童慈善會裏，就曾感受到耶穌基督對她說：「我饑餓、我受難、我無家可歸」。這是一種來自內心深處的呼召，讓一個女童強烈地感受到自己將來要為窮人服務的心，於是立志自己未來的職業是要服務貧寒。多年後這種召喚讓嬤嬤走入加爾各答老舊、髒亂的大街小巷，走近窮人去服事他們，如同投靠神服事基督。她的信仰、她的憐憫和她的純淨，讓她毫不猶豫地放棄一切，包括學校的教職、修道院裏安靜而舒適的修女生涯，以決然態度和百般熱情聽從基督的召喚。

《馬太福音》第 25 章 40 節中耶穌說：「我實在告訴你們，這些事你們既作在我這弟兄中一個最小的身上，就是作在我身上了。」這段話一般人把它理解為耶穌教導信徒行善的言辭，可正是這節經文讓一個女童終身發願幫助底層社會的邊緣人，無數活在痛苦和死

亡邊緣的生命因此而獲得救助和撫慰，耶穌基督對人類的慈愛和憐憫，也同時經由她終身對窮人的服事而凸顯無遺。

世上窮困潦倒的、患絕症重症的、流浪街童、乞丐、垂死者、被遺棄者，這些人在嬤嬤眼裏都有著潛藏於他們身體之內的基督形象。就這樣，任何世人認為骯髒厭惡的工作便化成作在基督的最小弟兄身上的佳美服事。對於嬤嬤來說，那是面對浩瀚宇宙中最本源的愛的一種服事。嬤嬤讓數十萬處於「非人」狀態社會棄兒，重新成為上帝按照自己形象創造的人、有尊嚴也有愛的需求和能力的人。在嬤嬤看來，面對全能的上帝，我們做多少並不重要，因為神的大能無窮，重要的是我們在行動中投入了多少愛，我們為那接受我們幫助的人付出了多少的愛，就是為基督做了多少的服事。

《馬太福音》第 25 章 35、36 節中耶穌對義人說：「因為我餓了，你們給我吃；渴了，你們給我喝；我作客旅，你們留我住；我赤身露體，你們給我穿；我病了，你們看顧我；我在監裏，你們來看我。」兩千多年過來了，世人都想知道：誰是那饑餓的？口渴的？流落異鄉的？流落街頭的？赤身露體的？患疾病的？坐監牢的？誰又是耶穌這弟兄中最小的一個呢？嬤嬤用她的行為對這些疑問作了最好的解答──是窮人，就是那些在社會底層艱難掙扎的賤民，就是他們！在嬤嬤看來，貧窮不單單意味著饑餓時沒有食物，口渴時沒有水喝，流落異鄉時沒有落腳之地，患疾病時沒有醫治，赤身露體時沒有衣服，貧窮還意味著尊嚴被剝奪，作為「人」卻被社會遺棄和排斥。嬤嬤說過，除了貧窮和饑餓，世界上最大的問題是孤獨和冷漠。我們身處的當今世界一片混亂，就是因為缺乏相愛、仁慈和體恤的心。而嬤嬤對待這些的匱乏採取的是一種最直接也是最艱難的態度和方式，那就是愛，不顧一切地去愛。

在嬤嬤看來，作為耶穌的門徒受召服事窮人，就能在窮人不成人形的身軀上觸摸到耶穌。存在於幫助者與受助者的角色之間的圍牆，就在耶穌的介入後遁然無形。不單如此，幫助者更藉著對那受助者的觸摸，得以真實地體會到耶穌基督的存在，以及耶穌基督身體力行彰顯出來的愛。幫助者與受助者這兩者就這樣共融於神的愛中，耶穌基督始終是被高舉、被仰望的中心所在。

嬤嬤告訴從世界各地前來做義工的人們，把耶穌的身體與貧窮人割離開來是不可能的，因為這既是愛的泉源也是力量的源頭。有些人認為這觀點過份美化了窮苦人的境況。但就像嬤嬤在諾貝爾和平獎演說辭上所說的那樣——窮人是偉大的人，窮人是可愛的人，他們能教給我們許多美好的東西。而嬤嬤她自己只是「窮人的手臂」，她是代替世界上所有的窮人去領諾貝爾和平獎的。

雖然這個不公不義的世界並沒有因為嬤嬤團隊們的努力而改變了多少，但對嬤嬤來說，她最為看重的仍然是任何一個橫躺倒臥於路旁、身上滿布蛆蟲的垂死者，她不可能丟棄任何一個急需救助的人，她將每一個人都看成是全人類。她深信任何一個人均蘊含著造物主的創造力，也就是基督的身體，服事他們原本就是她和她的團隊效法基督的方式，是她們甘心因著呼召繼而服事窮人所要實踐出來的具體行動。

在《約翰福音》第9章中，耶穌與門徒看見一個人生來是瞎眼的，門徒向耶穌詢問那人生來的瞎眼與犯罪的關係，耶穌沒有運用有關神學理論來回答門徒的問題，他只認為是要藉他顯出神的作為來，繼而就用唾沫和泥把那人給治好了。耶穌看重的，顯然是人的真實需要，而不是任何有關神學、哲學、宗教問題的冗長論述。做為一位宗教家，嬤嬤平生也沒有太多的神學問題要去研究，要去討論，她的人生觀不過是做耶穌教導世人應該做的事，做那行公義、

好憐憫的事。就這樣，她的服事卻感動了整個世界，包括任何信仰的族群。

嬤嬤總是對人說：「在每一個人身上看見耶穌」，她在被世界遺棄的人身上，在沒有人關心和關愛的人身上，在躺在垃圾堆裏的乞丐的身上，她看到了耶穌的音容。這是一種遠遠超過一般慈善事業的心態。所以嬤嬤的一生，用她自己的話來說，就是懷大愛心，做小事情，也就是用一顆單純的心，一份簡單的行動去付出愛，去實踐耶穌賦予人類的最大的律法——愛人如己。

德蕾莎嬤嬤與中國

德蕾莎嬤嬤逝世前對同伴們說，她一生的最大願望是來中國服務，可惜事與願違，她的這一心願沒有能夠實現。在 1985 年和 1993 年，嬤嬤曾兩次造訪中國，然而當時中國國內的媒體沒有做出報導，以至於許多人都還以為嬤嬤生平從未來過中國，疑惑嬤嬤為什麼會忽略這樣一個貧窮和苦難遍地的鄰居大國呢？

事實剛好相反，中國對這位享譽世界的窮人聖母的請求潑了一盆冷水。在 1997 年嬤嬤逝世的時候，仁愛修女會和修士會已遍佈全世界一百二十七個國家和地區，共有修女修士七千多人，義工則來自一百多個國家多達數十萬人，香港和台灣也有其分支機構，而中國卻是一處令人不解的空白。

嬤嬤曾申請到中國設立仁愛之家，作為仁愛修女會的分支機構，受到中國當局的婉拒，他們告訴嬤嬤說中國的社會福利做得很好。事實上，與印度一樣，在中國這塊廣袤的土地上，也有著千千萬萬的窮人和綿延不絕的苦難，甚至還要更多。嬤嬤的仁愛修女會的機構未能出現在中國，這是嬤嬤生前的未了心願，也是中國的一大遺憾，更是中國千萬窮苦人的莫大悲哀。

顯然，中國未能建立仁愛修女會的分支機構不是嬤嬤的錯，她已經盡力了，問題出在其他地方。雖然自從 1970 年代末期改革開放以來，中國已不再是昔日那個極左政治充斥一切領域的全能型國家，政府逐漸從市場及各種私人領域有所撤退。但對於民間社會的發展，中國官方始終心懷恐懼乃至戒備，這種情形在 1989 年天安門事件之後尤甚。所以在其他國家近幾十年來得到蓬勃發展的「非政府組織」（NGO），在中國要麼被條條框框限制住手腳無法施展靈活，要麼乾脆被當做所謂敵對的「反政府組織」加以阻擾。在全能政府的眼裏，一盤散沙的原子化個人是最好的管理對象，企圖與人民政府爭奪人民的任何組織都是「反華勢力」的工具，其中當然包括德蕾莎嬤嬤這樣贏得民心的人，所以就算是以慈善為業的組織也不容發展。

德蕾莎嬤嬤的名字在中國同樣享有很高的知名度，說起嬤嬤，人們很關心的一個話題是：為什麼中國為什麼沒有像嬤嬤這樣的傳頌全世界的服務窮人的聖徒呢？事實上，並不是中國的土壤出現不了德蕾莎嬤嬤這樣的聖人，以中國之大，中國人口之多，中國素來就不缺義蓋雲天的仁人志士。我們過去有過千古義丐武訓、有過平民教育家晏陽初，現在則有愛滋病防治工作者高耀潔，環保、愛滋病防治工作者及人權活動家胡佳、農民和殘疾人士維權者陳光誠，還有知名不知名的其他人。他們幫助中國窮人和底層人的事跡與德蕾莎修女相去並不遠，可是命運遭遇卻截然相反。

傳揚百多年的千古義丐武訓在 1950 年代被毛澤東和《人民日報》的社論批判，山東的紅衛兵在文革期間掘出其遺骨，當眾批判後焚燒成灰燼。教育家晏陽初因為他的基督教背景，不受 1949 年大陸新政權的歡迎，被迫中斷了他的鄉村教育事業，從此被放逐出自己的國家。高耀潔醫生的防治愛滋病工作常常受到來自地方當局

的阻力，撰寫的書籍被禁止、老人自己時常被監控軟禁。人權活動家胡佳因關注環保、抗擊愛滋病和人權狀況，不見容於當局，後因言獲罪，於今年四月被判刑入監。盲人農民維權者陳光誠先被軟禁毆打，後被山東地方當局判處監禁，至今也仍在獄中。嗚呼，中國的「德蕾莎嬤嬤」們命運如此多艱，也許他們根本就不應該屬於這個民族。在緬懷嬤嬤的日子裏，這些現實讓我傷痛卻又憤怒。

只能祈願終有一天，我們這個國家能夠善待自己的「德蕾莎嬤嬤」們，不再對他們的義舉阻擾干涉，不再把他們關進陰暗的監牢裏面壁空灑淚痕。因為中國的窮人和底層人需要他們，德蕾莎嬤嬤服務窮人的事業需要在中國得到延續。

重溫德雷莎嬤嬤工作祈禱文

再過兩年就是紀念德雷莎嬤嬤誕辰一百週年的日子，人類在新世紀將邁過第一個十年，可是貧困、戰爭、疾病、饑荒、難民、愛滋病、失學兒童、貧富懸殊等問題依然是新的世紀人類和平面臨的巨大威脅，我想屆時世界各國一定會舉辦各種紀念活動來紀念嬤嬤。

今天，且讓我們重溫嬤嬤每次工作前的祈禱文，感受嬤嬤八十七年的清心生命與厚恩人生。這些文字必將傳揚於世並且永遠長存，因著它們字裏行間閃爍著的血氣、大愛和大光：

> 「最親愛的主：讓我在今天以及每一天，從你的病人身上看見；並在照顧他們的同時服侍。
>
> 縱然你將自己隱藏那些急躁、斤斤計較、蠻不講理的人背後，讓我仍然看得出是；並且欣然地說：『服侍你是何等的甜蜜。』

主啊！賜我這種洞悉的信心，我的工作便永遠不致沉悶，
每次鼓勵、開解那些可憐的受苦者，我必尋得無盡的喜樂。
啊！親愛的病者，你於我是何等的可貴，因你代表了基
督，能夠服侍你是何等的權利。

主啊！讓我覺悟這高尚召喚的尊嚴及其責任，不要容許我
因冷漠、麻木或不耐煩而令這職份蒙羞。

神啊！當你降卑成為耶穌，我的病，神啊！懇求也容許我
的諸般錯誤，只看我內心的動機，就是在每一個病人身上
愛及服侍。」

主啊！增添我的信心，在此刻及以後，賜福我的努力及工
作。阿們！

　　或許，這就是來自天堂的聲音，它們在天上鑿開道路，在世間
穿透黑暗，在我們頭上發光。今天，與這些文字在一起，就是與德
雷莎嬤嬤在一起，就是與窮乏人困苦人底層人在一起。讓我們留心
傾聽，在心中默念，同時想念一張布滿皺紋卻閃爍著亮光的臉。

　　（寫於 2008 年 6 月 12 日，德蕾莎修女逝世十週年後九個月。）

註：真福德蕾莎修女，（Blessed Teresa of Calcutta，1910-1997 年，中國大陸譯
　　作德蕾莎修女，港澳譯作德蘭修女，又譯作德肋撒修女、泰瑞莎修女），
　　著名天主教慈善工作家，於 1979 年被授予諾貝爾和平獎。

高耀潔與馬寅初

　　河南省中醫學院退休教授、婦科腫瘤醫生高耀潔在古稀之年開始了她的防治愛滋病事業。正是在她堅持不懈的努力下，中國眾多省份因賣血和血漿導致愛滋病蔓延的慘劇才被揭發出來。十多年來，她不僅以老弱之身投入到愛滋病的防治、宣傳、救助行動當中，而且在各種場合呼籲全社會正視因血液傳播導致愛滋病蔓延的嚴峻事實。老人因此贏得了世人的尊敬，人們親切地稱她為「中國的德蕾莎修女」，可她總讓我聯想到另一個光輝的名字——馬寅初。

　　說到馬寅初，人們立即會把他和中國的人口問題聯繫在一起。作為經濟學家，馬寅初以警醒的態度審視 1950 年代初期中國人口增長過快的問題。1957 年，七十五歲的人口問題專家馬寅初通過廣泛調研，在《人民日報》上發表了著名的《新人口論》。他大聲疾呼：「不控制人口，不實行節制生育，後果不堪設想。」

　　不幸的是，馬寅初的倡議與「偉大領袖」策劃發動的以「人多好辦事」為基調的「大躍進」運動相抵牾，遂被定性成了「反動思想」，批鬥、免職、軟禁的厄運接踵而來。二十二後，中國政府終於在 1979 年確立了控制人口、計劃生育的國策，馬寅初被平反。

　　老馬識途的馬寅初在半個世紀之前發出的警告，完全被這五十年來中國的現實狀況證實了，客觀規律給與中華民族的懲罰比他預見的後果有過之而無不及。「誤批一人，錯生四億」讓我們整個民族付上了沉痛的代價，人口過多的問題至今仍然是中國邁向現代化之路的一個沉重包袱。時隔半個世紀，我們在懷想 1957 年夏天那

個偉大的聲音的時候，我們聽到了又一個老人在今天向整個民族發出的一聲呼喊——「在中國，如果還不對愛滋病進行控制，以及有效的救治疏導，將是一場國難。」

發出這聲呼喊的正是今年已八十歲高齡的老太太高耀潔，她的名字現在和中國的愛滋病問題聯繫在了一起，正如馬寅初與中國的人口問題。他們雖然是屬於兩個時代的人物，但他們的人生軌跡、言行事功卻是驚人的相似。他們倆人憂國憂民，言人之所不敢言，以一副老弱身軀面對各種打壓仍不改其志，在被圍攻中傲然挺立、堅持真理。他們倆人都以獨立個體的身份向整個民族大聲疾呼，並因此開罪執政當局但不改初衷。

高耀潔在防治愛滋病的道路上走了艱難坎坷的十一年，她所揭露出來並警醒世人的中國愛滋病的現狀令人觸目驚心。她憂心忡忡地強調，中國愛滋病病毒主要是通過「血傳播」方式傳播，而不是官方所說的吸毒傳播和性傳播，正以每年 30%到 40%往上升，全社會亟需公開正視、採取對策。

高耀潔的呼籲讓官方如芒在背，無論是「血漿經濟」、組織賣血，還是血站管理上的失職，政府對這場愛滋病嚴重蔓延的災難無可推卸。於是，河南官方以中原大省的國家機器來封堵一個羸弱的八旬老婦的義舉，威脅、侮辱、謾罵、軟禁、限制出國領獎訪問等舉措接連祭出，最多的時候她家的樓房下圍滿了五十多個員警。儘管如此，這位老太太卻贏得了民眾的感戴和國際社會的讚譽，因為她捍衛的是一群可憐人——中國最窮苦的人、被愛滋病侵襲的人、被剝奪了權利的人、在社會底層苦苦掙扎的人。

也許在當局眼中，高耀潔與馬寅初都是好唱反調的烏鴉，讓人討嫌的。但中國的歷史自會有他們的一席之地，因著他們始終站立著的良知。我們在向他們表達敬意的同時，更要聽取他們的聲音，

尤其是高耀潔目前奔走吶喊的愛滋病問題。如果我們忽視了她的聲音，也許會像當初不聽取馬寅初對人口問題發出的警告一樣鑄下大錯。

　　馬寅初的悲劇既是他個人不幸，也是民族不幸。我們絕不能讓高耀潔所警示的悲劇重新上演，我們這個民族已經犯過一次大錯，切切不可再犯第二次了。

註 1：高耀潔，1927 年出生，河南中醫學院退休教授，婦科腫瘤專家，愛滋病防治工作者，2007 年，38980 號小行星以「高耀潔」命名，著有《一萬封信——我所見聞的愛滋病、性病患者生存現狀》、《中國愛滋病調查》等。

註 2：馬寅初（1882-1982 年），原名馬元善，字寅初，浙江紹興嵊縣（今嵊州市）人，中國近現代教育家、經濟學家、人口學家，著有《新人口論（重版）》等。

第四輯

為愛和公義祈禱

孩子，今夜我為你祈禱

——致胡謙慈

　　孩子，今天是 2008 年 4 月 3 日，我第一次見到你的模樣，從香港報紙報導你父親的今日要聞版面上。此前，我只是聽說過你的名字。報紙畫面上一個幼小的女嬰蜷縮著依偎在母親的懷裏，驚恐的雙眼半睜著，仿佛在問今天到底發生了什麼事。這個嬰兒，就是才四個月大的你。孩子，你羸弱的身子讓我在窒息中掙扎，你無辜的眼神更令我心痛。我知道，今夜你的樣子會讓我在睡夢中驚醒。

　　孩子，今天一大早，你的母親就抱起還在熟睡中的你，匆匆奔向法庭。今天，是你父親宣判的日子。自去年十二月底員警從家中將你父親抓走這三個多月以來，國內外有很多人在為你父親的案子奔走籲請。他們期盼著，這個當年申奧時在全世界面前作出承諾在奧運前改善人權狀況的國家，能夠兌現承諾，還一個因言入罪的優秀公民自由，讓他回家，和你們母女團聚。今天的法庭門外，擠滿了關心你父親的人群和各國的媒體記者。可是，人們的願望落空了。

　　孩子，今天居然天氣很好，北京居然也是一個有陽光的晴天。可是清晨起來，我的內心就有一種莫名的不詳預感和陰霾。果不其然，打開報紙，一行粗大黑體的醒目標題映入我的眼簾——中國著名維權人士胡佳判三年半　美歐嘩然。那標題戳得我的眼疼，我心中一陣酸楚，眼淚再也忍不住。胡佳，就是你的父親。今天，是他的遭難日。

　　孩子，等你長大了，你會明白父母為什麼給你起名叫「胡謙慈」。謙是謙卑謙恭，慈是慈悲慈愛，這名字源自你父母的人生信

181

念和宗教情懷。這是他們做人的信條，也是對你寄託的期許。可是，你們全家的謙卑與慈悲，敵不過權力的傲慢與冷酷。

孩子，你要相信父親，不要相信那紙判決書，儘管它是以法律的名義。將來的歷史會告訴你，今天，是這個國家歷史上一個恥辱的日子；將來的歷史會告訴你，這是非正常時代的一份荒唐判決，它踐踏了人類的基本良知和真正的法律精神；將來的歷史會告訴你，這份判決強加於你父親身上的罪名，叫做莫須有；將來的歷史會告訴你同時會向世人宣告——胡佳無罪，並且感激他在這個時代堅守的良知和他所做的一切。

孩子，等你慢慢長大，將來你會瞭解到你父親所做的事情，並會以有這樣的一位父親而感到驕傲和自豪。因為當代中國的歷史自會有他的一席之地，雖然中國大陸所有的媒體對這一國際社會持續關注的案件全都保持了沉默。四年前當你父親被軟禁時，他是所謂的麻煩製造者，三個月前當你父親被捕時，他變成涉案的犯罪嫌疑人，今天在法庭上，他是遭刑事檢控的被告人，明天，他將成為一名囚犯。可是孩子，歷史終將會告訴你，這一切的指控統統都錯了。歷史終將會還原他原本的身份——一個傑出的環保志願者、愛滋病防治工作者、人權活動家。

孩子，國家在走向崛起，你父親卻墜入深淵，每一步都伴隨著艱險直至災難。這是他的榮耀，也是他的宿命。這全因他始終不肯放棄的良知，也全因他面對壓制仍不改志向、言人所不敢言、行人所不敢行的擇善固執。

孩子，等你慢慢長大，將來的歷史會告訴你，你的父親是這個時代罕有的良心。每個在當今物欲橫流時代的中國生活過、瞭解你父親的人，都很難不由衷地敬重他。今夜當我回首他的往事，依舊為人性中擁有如此豐富的純真、良善和勇敢而驚嘆。

　　孩子，你那高貴的父親——他來到世間的使命純粹就是為了奉獻，為天地之間的生靈。起初，他是一個赤誠的環保志願者，為保護危境動植物和挽救不斷惡化的中國環境狀況竭盡心力。他去內蒙古的恩格貝沙漠植樹造林，他去青藏高原的可哥西裏北沿接應野犛牛隊，他去湖北救助石首天鵝洲麋鹿保護區中的麋鹿，他去北京的公園看護照料大雁，他去青海為保護藏羚羊奔走宣傳，他去西藏林芝地區考察森林生態及地方宗教文化對環保的影響，他創辦宣傳保護藏羚羊的網站，他創建中國綠色大學生論壇和民間環保組織。

　　後來，他致力於關注愛滋病和維護公民權的工作，為防治中國的愛滋病狀況和在困境中窮苦受屈的國人同胞奔走吶喊。他擔任公共衛生與愛滋病防疫組織愛知行動的項目協調人，他為河南愛滋病疫區的愛滋病患者及其家屬提供支援，他創辦民間愛滋病公益組織愛源匯中心，他去公安部門要求釋放因為自由言論而被捕的女大學生，他公開接力絕食來聲援被迫害的維權人士，他參與保衛中國領土釣魚島的公開活動，他發起在寒冬為露宿街頭的外地訪民送軍用棉衣的送暖行動，他甘冒風險公開紀念所謂敏感的前國家領袖和政治事件，他幫助各地上訪者把冤屈的聲音傳給文明的世界。

　　孩子，你的父親一直就沒有停歇過，從大學時代直到陷身囹圄。哪裏最需要幫助，哪裏有不公義，他的身影就出現在哪裏。可是，偌大中國竟沒有一處可堪容他。這位民族的赤子，最終竟成了自由城的囚徒，監獄裏的牢犯，國家的敵人。

　　孩子，請不要困惑，再過幾年你就會明白這是為什麼。幾年之後，你會聽到安徒生童話裏那個著名的國王的新衣的故事。你的父親，就是那個故事裏說真話的孩子。當這個國家為一場體育賽事製造盛世歡慶景象的時候，當這個國家中千千萬萬的底層民眾在非正義烈焰中絕望無助的時候，當這個犬儒時代幾乎所有的人都對黑暗

保持沉默的時候，你父親不屈地要做那個說真話的孩子。於是，那不懼怕神也不尊重世人的國王動了怒氣，將他投進大牢。

孩子，今夜我在哀哭之餘，有一些話要對你說。這些想說的話帶給我的盼望，超過了我這三個月來持久的盼望和今日的落空。因為你，給了我一個全新的盼望。因著你，提醒了我這人世間尚有謙卑與慈悲。這是今夜我唯一的盼望。

謙慈，我祝願你長大之後有一顆自由的心靈。你那令人尊敬的父母，已經給了你榜樣。你一出生，就成了一名小囚徒，你家的門外常年駐守著不穿制服的員警。可是等你長大，只要你的內心深處湧動著自由的脈搏，所有束縛你的人和環境自會遁然無形。謙慈，你是個獨一無二的生命，沒人能攫取你獨立思考的能力，沒人能抹殺你嚮往自由的意識，沒人能阻止你保持獨立的人格，只要你不妥協、不退讓。

謙慈，我祝願你長大之後變得堅強。自你出生以來，你的家庭就陷入一連串的困難境地。可是苦難生忍耐，忍耐生品格，你要學會比其他家庭的孩子活得更加堅強，然後如同一棵橡樹那樣，在風暴中屹立不倒，在歲月中面對你的成長歷程。

謙慈，我祝願你長大之後學會感恩。儘管驕橫和殘酷摧毀了你的家庭幸福，儘管冷漠和麻木充斥在你的四周，可是依然有同情和關愛閃爍在你的天空。像督請北京警方將你父親釋放回家的翟明磊記者，像發出公開信要求國家元首關注你父親案情的許志永博士，像公開表示願意分擔你父親坐牢天數的艾曉明教授，還有那些不顧員警威嚇到你家送奶粉的上訪民眾們，那些文明世界裏發出營救呼籲的不同膚色的善良人們。有這些義舉在，你要對人性保有信心，然後心懷感恩地開始你的人生。

謙慈，我祝願你長大之後懂得慈悲。雖然這個成年世界對不起你，他們聯手起來用專制和暴虐製造了一幕家庭悲劇，他們將無辜

的你變成這個世界上年齡最小的政治犯。你原本最有權利去怨恨和報復。可是謙慈，我仍然希望你將來學會寬宥，學會悲憫，化解怨恨，展示和解，並且要原諒他們。謙慈，請相信寬恕、慈悲和愛的力量能夠穿透黑暗照耀未來，請讓它們進入你的心中，伴你踏上嶄新的未來人生。

謙慈，最後我祝願你長大之後的生存環境完全改觀。我盼望著四個月前你所降生的這個國家，不再制度性地漠視自由、人權、平等和尊嚴這些人類的普世價值，國家機器不再淪為肆意壓迫良心人士的暴力工具。我盼望著這個國家能成為所有公民免於恐懼而能自由生活的美好社會，能真正步入一個和解寬容的文明時代。而謙慈你，未來能夠自由幸福地生活在這塊國土上。

謙慈，今夜滿天星光，可是眾星卻長夜哭泣。今夜你父親身在獄中，你母親傷悲難眠，許多人黯然嘆息，我在書桌前流淚。謙慈，可憐的孩子，今夜我不做別的，只為你祈禱，為你的現在，為你的未來。

（寫於 2008 年 4 月 3 日）

註：胡佳，1973 年出生，原名胡嘉，祖籍安徽蕪湖，中國社會活動家，多年來從事多項社會運動，包括環保事業、抗擊愛滋病和爭取民主人權等。08 年獲得歐洲議會頒發的薩哈羅夫獎，以表彰他在人權領域的貢獻。08 年 4 月 3 日，胡佳因「煽動顛覆國家政權罪」被判處有期徒刑三年零六個月。

弱女子與權貴

　　近來，湖北省襄樊市少女高鶯鶯四年前的冤死案揪動了國人的心。在命案被雪藏了四年後媒體的爭相披露中，我們看到了慘劇發生後當地權貴們令人目不暇接的表演，謂之為一手遮天是毫不為過的。年僅十八歲的賓館服務員、農民家的女兒高鶯鶯在 2002 年 3 月 15 日晚「墜樓」身亡後，公安人員草率處理、法醫草草鑒定、動用公安員警和武警搶奪屍體、「市委工作組」出面和高鶯鶯家長簽訂「死亡補償協議」要求「保證不再追究任何單位的責任」、通過威嚇、毆打雙親、關押、連坐親屬等手段逼迫高鶯鶯父母簽字火化屍體、遮罩當地打往外地的電話、控制媒體不得報導……這一切均為了毀滅證據、掩蓋事實真相從而逃避法律的制裁，從而將一個弱女子的冤死沉埋海底。

　　權貴們又一次凱旋了！他們將一個鮮活的花季少女的生命變成了一具冰冷的屍體，還要往弱女子的屍體上潑上誣陷誹謗的髒水，稱之為「精神不正常」。今晚，我看著書桌上這一期 2006 年 7 月 6 日出版的《民主與法制》封面上少女的遺像，配之以大號黑體字的標題《高鶯鶯之死九問》，少女的遺像被置於「問」字中的「口」中，神態安詳雙眼平和，她臨死前的眼睛一定不是這樣平和的，我想。我對她悲慘的死亡無能為力，只能默默落淚，任憑悲痛在我的胸口洶湧著。

　　隨著襄樊市委書記孫楚寅、常務副市長趙成霖等一幫當地權貴們因經濟犯罪的紛紛落馬，這起疑竇叢生的案件才得以被媒體曝

光，讀者為之震驚、憤怒。學者賀衛方先生撰文為之一論再論，呼籲案情的昭雪，還原死者以正義。評論員盛翔先生的點評更是入木三分：「權力最瘋狂的表現，不在於瘋狂地貪汙搞錢，而在於把治下的人民都變成自己的奴隸，在於把看上的女人都變成自己的小妾，在於把治下的機構都變成自己的家奴，在於把管轄的草民都變成自己的魚肉——想殺就殺，而且不用承擔任何責任！」

　　盛翔先生的這段話說得令人觸目驚心，但卻是中國當下的實情。由於制度的不健全、缺乏對權力實質的制衡、約束和監督，權力宛如一隻脫了鎖鏈的野獸般張牙舞爪，身居要職的權貴們自然是為所欲為，在這個吃人的國度尤其是吃弱女子的國度裏肆無忌憚。陝西省吳旗縣公安局長張鴻翔可以將前來指責其辦案不力、要求盡快偵查破案的農婦白彩珍拘留七天，江蘇省交通規劃設計院紀委書記黃某某可以在海濱浴場滿嘴酒氣地公然調戲外企女職員，湖北省天門市委「五毒書記」張二江為官幾任可以玩弄上百名女性。

　　權貴們手中有權，財富也相伴而來，這在現今的中國幾乎是人所共知的。有權有勢又有錢的權貴們，的確可以傲然於世視法律為無物的，大小會議上所唱的「權為民所用」等諸如此類的高調是不必當真的，是當然視治下的民眾如草芥的，是不需要視弱女子為同類的。他們如禽獸般對待自己的女同胞，行同鼠狐奸若狼狽，更別說職業卑微如賓館服務員之類的，或窮人家的女孩子如父母是農民之類的。弱女子中「識時務者」，當不能躲避，當不能抗拒，應該如《西廂記》中的唱詞「他那裏盡人調戲，軃著香肩，只將花笑拈」乃至滿足權貴們的獸欲。苟有不識時務膽敢拒絕甚至反抗者，湖北省襄樊市的高鶯鶯即是下場，得罪了「在東京倚勢豪強，專一愛淫垢人家妻女」的高俅大人之子高衙內之流的，搭上了自己的清白乃至性命不算，還要連累上自己的雙親「搶天哭地，討不來一個說法」。

　　《巴黎聖母院》中的副主教克羅德看到美麗的吉普賽女郎愛絲梅哈達在廣場上賣藝跳舞時起了歹心，這個平日裏道貌岸然、地位尊崇的祭司開始不擇手段地想佔有她，指使敲鐘人伽西莫多前去劫持少女，後趁著少女和戀人、宮廷弓箭長弗比斯幽會時刺傷弗比斯，事後嫁禍於少女，少女因此被判死刑，最終被送上絞刑架。伽西莫多被克羅德的無恥激怒，盛怒之下將這個撫養他長大成人的副主教推下鐘樓摔死。恢宏豪放的雨果用他那瑰麗豐富的想像讓一個其醜無比的敲鐘人來替弱女子伸張了正義，讓罪惡的權貴死於非命。《聊齋志異‧胭脂》中失意悲憤的蒲松齡在「異史氏曰」中嘆道：「何怪覆盆之下多沉冤哉！」，表達了他對現實的黑暗、無辜者沉冤莫白的悲痛。激昂青雲的李白對友人宣城趙太守贈詩時慷慨歌昂云：「願借羲皇景，為人照覆盆」，以此來抨擊權貴、蔑視當時的禮教。而當下中國的體制正可以讓權貴們將他們執掌權柄的地方變成「覆蓋的盆」，讓一絲陽光也透不進來，他們支配警力、封鎖媒體、操縱黨政、壓制百姓，為的就是要將弱女子的呻吟永遠地沉冤！

　　雨果和李白都是浪漫主義的文學家，他們借用大膽的想像來為弱者伸冤，巴黎聖母院的情節表現了誇張、怪誕的浪漫主義的文學特徵，李白借來所用的伏羲的神光更是中國古代神話中的人物，只能在文學作品中慰藉我們的心靈。而在現今的時代，我們當寄託於司法，期盼著司法能真正發揮效能，將法治的溫暖送進國人本已悲涼的心裏，來還弱女子高鶯鶯以公道，畢竟「依法治國」寫進中國憲法已經七個年頭了。今晚，我們虔誠地期盼著，因為手持正義長劍的司法女神朱蒂提亞是蒙著眼睛的，她的眼裏沒有貴賤之分。

午夜夢迴時的責問

　　來美之後不久，我聽說了這樣一個故事：一位來美國四十多年的華僑，深夜兩點突然接到她在史丹福大學讀書的女兒的電話，女兒在電話那頭問她：「媽媽，你知道南京大屠殺嗎？」她回答：「當然知道呀。」女兒埋怨地對媽媽說：「那你怎麼從來都沒有告訴過我呢？」

　　原來女兒上課時教授在講述二戰中納粹對猶太人的屠殺時，說還有一個同樣慘絕人寰的南京大屠殺，當時班上所有的學生包括七位華裔學生都沒有聽說過。下課後，女兒的猶太裔好朋友問她：「你怎麼可能對自己民族歷史上這麼大的事情都不知道呢？」女兒無言以對，感到無地自容。

　　無情的歷史已成過去，人類只有在反思中才能進步。為此，我們有責任告訴下一代那傷痛的過去。惟有不忘過去，才能去開拓合理的美好的未來。但是這個世界上有些人似乎不懂得這個道理，他們更試圖抹去人們的記憶，掩蓋歷史的真相。

　　請看，今年中國的主管宣傳部門下達指令，禁止中國的大眾傳播媒介談論「反右」，禁止中國的出版社出版有關「反右」運動的書籍，因為 2007 年是「反右」運動五十週年。於是，中國大陸的媒體通通成了聾子和啞巴，半個世紀前那場迫害整肅了國家整整一代知識精英的民族悲劇，被禁止在媒體上公開紀念、研討和反省，更遑論平反、道歉和賠償。中國的民眾特別是年輕一代看不到、也聽不到那些白髮的泣淚、暗夜的嘆息、心靈的創痛、不堪的記憶，似乎 1957 年發起的那一場國亂在中華大地上從未發生過似的。

　　去年禁止談論「文革」，今年又禁止談論「反右」，明年呢？是「大躍進」還是「人民公社」？後年呢？是「盧山會議」還是「反右傾」運動？再過三年，是不是要禁止談論人類歷史上罕見的、餓死幾千萬人的「三年大饑荒」了？按照這個邏輯，每年都將有一個話題成為言論的禁區。可怕的後果將是，整個民族得了失憶症，一個又一個的歷史悲劇在民族的集體記憶中被淡化甚至喪失。魯迅先生在 1920 年代發出的「令中國人更深地陷入瞞和騙的大澤中」的擔憂不幸在新的世紀又成了現實。

　　時光已逝，但歷史不容空白，所有這些「失憶現象」絕對是有害於整個民族吸取過去的沉痛教訓，進而推動未來的政治改革的。面對這樣一個「剝奪人們記憶」的世界，面對孩子們迷惑的眼睛，我們有沒有勇氣「生活在真實中」呢？

　　著名的捷克流亡詩人米蘭・昆德拉說過：「人民與強權的鬥爭，即記憶與遺忘的鬥爭。」我們不能把民族的悲劇一筆勾銷，我們有義務讓子孫後代回顧歷史的悲劇，並保證絕不再允許歷史的悲劇在現在和未來重演。終有一天，讓我們把所謂的「言論禁區」送進永遠的墓地，讓記憶恢復，使人性回歸，健全我們中華民族的集體記憶，把真實的歷史播種到人們渴望真實與尊嚴的意識深處。

　　否則，我們將像那位華僑母親一樣，接受自己的後輩在午夜夢迴時對我們發出的那一聲責問──「你怎麼從來都沒有告訴過我？」

為一國三制鼓與呼

山西省黑磚窯黑奴、童奴事件一曝光，海內外震驚不已，全世界的良心為之震顫。我們真得感謝黑磚窯奴隸主、人販子、監工、打手，猶如我們現在得感謝地方黨委、基層政府、還有公安、司法、稅務、土管、勞動、監察等職能部門一樣。蓋沒有他們的聯袂演出、通力合作，在這二十一世紀的文明社會，甲骨文、青銅器時代奴隸制社會裏的一幕幕場景，能這樣活生生地呈現在我們的眼前嗎？

黑奴、童奴的苦難乍聽起來令人恐怖，繼而讓你錯愕。仿若身在陽光之下，心在噩夢之中，你在一瞬間恍惚了身處的時空和年代。「現代社會」與「遠古時代」隨意地切換，「公民身份」與「奴隸角色」剎那間轉變，從奴隸們被塞進黑磚窯洞裏旋即開始。中國人的智商和創意在二十一世紀的第七個年頭徹底征服了全世界各色人等。

二十多年前，中國有位川籍領導人提出了「一個國家、兩種制度」的設想，就曾讓國際社會為中國人的政治智慧欽佩不已。這位先生絕對想像不到在他仙逝十年後，後人還能將他老人家當年的偉大構想再向前邁進一步。從此泱泱中華大地上，大部分地區的社會主義、港澳特區的資本主義，與新出現的山西等省份的奴隸制社會開始和諧共存，可稱之為「一國三制」也。

在哲學家眼裏，人是世界的目的。在文學家眼裏，人是萬物的靈長。但是在這新誕生的「第三種制度」下，這些說法通通都是狗屁。在這塊黃土地上的黑磚窯裏，人，只是可供任意驅使、不停幹

活的牲口而已。在監工、打手、鞭子、鐵鍬、狼狗的威逼之下，奴隸們「吃的是豬狗食，幹的是牛馬活」，在超乎常人想像的極其惡劣的條件下超負荷地勞動。稍有不慎，有人被打殘、有人被逼瘋、有人被弄死——錯了，他們不是「人」，黑磚窯奴隸主管他們叫「黑人」。

新聞媒體披露出來的一個個黑幕，像一張大網，更像一個個黏土堆砌起來的黑磚窯，壓抑和絕望憋得你透不過氣來。這裏實行的「第三種制度」，比之久遠的過往更賦予了新意，就像「黑人」這個新創造出來的漢語詞彙一樣。這個新詞彙「黑人」不是流行音樂歌手麥可‧傑克森所屬的那個美國族群，而是在「黑磚窯」中幹活的「黑人」。在夏、商、周、秦時代，奴隸大多產生於戰爭中從敵方俘虜的戰俘或平民，而現在則無須廝殺於疆場，光天化日之下從從容容的用迷藥或拐騙、販賣或綁架就成。公民們和孩子們無聲無息地被奴役了，國家卻仍在昂首闊步地走向大國崛起。

五千年的文明古國曾經發明了我們民族所獨有的寶貝「駢文、八股、太監、裹小腳、貞節牌坊、吃人禮教」，今日這國土上的「一國三制」為國粹的名單上又增添了一項，在我們走進的新時代裏讓洋鬼子們驚訝得目瞪口呆。學者胡適之先生當年對「我們祖宗這些罪孽的深重」痛心疾首，倘若適之先生活到現在，還不被後世子孫新造的這「深重的罪孽」給活活氣死？

雖說這「一國三制」讓外國人嘆為觀止，讓中國人絕望無地。好歹這一新生事物也是人類自有國家以來史無前例的創舉，值得人們為之鼓與呼。就憑中國人這種不斷的創新精神，也絕對抵得上一百個諾貝爾獎。

註：山西黑磚窯案，係 07 年 5 月下旬中國媒體陸續披露出來的窯廠奴隸工案件。

羽毛筆的自由

　　老教授直了直身子，半眯著雙眼，手持翻頁鐳射教鞭朗聲對大家說：「這就是今天的講題。」他身後的幻燈螢幕上，出現了一行大字——康得的國家哲學與基本公民權學說。這，是我昨天聆聽的哲學講座的開頭一幕。

　　一直以來，康得那體大思精的哲學體系就是我的夢魘，他的三大批判對我來說宛若天書般難懂。於是，昨天的這場講座我期待了很久，希望經由教授的講解能讓我領會到一個更加真實、容易理解的康得。近一個小時的講座結束後，回來的路上，同伴問我：「今天講座給你留下印象最深的是什麼？」「羽毛筆的自由。」我幾乎是脫口而出。

　　沒錯，羽毛筆的自由。當教授吐出這個略帶詩意的詞彙時，我發覺許多聽眾和我一樣眼睛一亮，為這一提法的形象傳神。康得用「羽毛筆的自由」，來指代人民的言論自由，或者說，公民的表達權。

　　1784 年 9 月，為了闡述「人性的權利」，六十歲的康得經長期思考之後發表了《答覆這個問題：何謂啟蒙運動？》一文。康得說：「羽毛筆的自由，應看作是人民權利的唯一守護神。只有保障言論自由，亦即讓每個人都把自己內心對公共事務的見解公開講出來、寫出來，這樣才能形成一個公開討論問題的情境。如此一來，社會就能逐漸從封閉走向開放。一個開放的社會，就是講理的社會，是非對錯取決於公理，而不再取決於權勢、甚或暴力。」

　　立足於維護「人的自由」，康得替國家機器劃定了界線，他警告國家不要制止這種「羽毛筆的自由」，相反要讓人民說出來和寫出來。康得更進一步說，若不讓人民表達自己的意願，那無異自認為是全知全能，永不可能犯錯，這乃是對上帝的褻瀆，也剝奪了國民天賦的自由，則原來國民對國家的服從義務馬上中止。

　　作為一位同時浸淫自然科學與德國古典哲學的嚴謹學者，康得的學術著作向來以艱深的語句甚至晦澀難懂著稱，他似乎很少像這一次那樣把話說得如此直接，如此激烈。可見在康得心中，表達權對於人的自由、人類的文明是何等的重要。

　　確實如此，一部人類的文明史，就是一部表達權的艱難成長史。沒有表達就沒有人的尊嚴，沒有表達就沒有政風的清明。每當表達權橫遭壓制，人民就無處說理，社會危機就開始醞釀。而一旦表達權受到保護，有了對話與講理的平台，則能緩解社會矛盾使社會走向進步。就像大禹治水給後世帶來的啟示：用堵截的方法，則成禍患；惟有疏導，方能成功。

　　康得在十九世紀之初去世後，兩百多年來，他竭力捍衛的「羽毛筆的自由」在眾多國家的立法與實踐中得到落實，特別在二戰後，表達權的興起成為歷史的潮流。這方面最典型的無疑是具有全球示範效應的美國。

　　1791 年 12 月，美國國會正式通過了有關公民權的權利法案。從此，聯邦憲法就有了包括著名的第一修正案在內的十條權利法案，第一修正案正是關於言論、宗教、和平集會自由的公民表達權的條款，其條文內容是：「國會不得制定關於下列事項的法律：確立國教或者禁止信教自由；限制言論自由或者出版自由；或剝奪人民和平集會和向政府請願申冤的權利」。這第一修正案的「第一」

本身就表明了它在公民權利序列中居於首要地位，與其他的權利法案一道成為美國的立國基石。

1963 年 8 月 28 日，民權運動領袖馬丁‧路德‧金組織了歷史性的爭取黑人自由權的「華盛頓大遊行」，來自全國各地的二十多萬人來到首都，從華盛頓紀念碑遊行到林肯紀念堂，舉行和平遊行示威集會。面對黑壓壓的人群，總統甘迺迪在白宮聲稱自己「由衷地被金牧師的講話所打動」，用「我夢想有一天」來迎接此次遊行集會的領導人金牧師，並建議國會通過民權法案，後來在繼任總統約翰遜任內予以通過。

美國人民這種「羽毛筆的自由」得到令人振奮的伸張與保護，用康得的語言來說，就是人不能只被當作工具來利用，而是始終必須被看作目的來對待。

沒有公義，沒有平安

今天的早餐桌上，報紙上的兩則新聞標題吸引了我的目光。一條是美國新聞：要求加薪，加大校工罷工五天；一條是大陸新聞：開展「平安奧運」行動，北京全面清理上訪村。

內容大致是：加州大學逾八千五百名服務工、校工和一萬一千名醫療中心員工，為了爭取薪酬和福利的增加，包括門警、校巴司機、廚師、停車管理員、醫療中心的員工等，由週一早上開始進行為期五天的罷工。校工們認為待遇不合理，比如薪酬過低，比一般校外從事同工種的工人低了 25%。

代表他們的工會自從去年八月開始與加大管理層談判雇員的新合約，包括薪酬福利等，但因校方的強硬致使談判流產。在加大總校長辦公室外，警方封鎖了一個街區的交通供加大員工示威，多

名州參、眾議院與民選官員到場支持工人，史瓦辛格州長發表聲明，呼籲工會返回談判桌。

另一條，隨著奧運會的臨近，北京進行立體式部署，在全市開展「平安奧運」行動。北京警方近日再度掃蕩位於市南二環的「上訪村」，抓捕、驅逐、遣返上訪人士。警方連續多日在早晚分別採取行動，各大小路口都佈滿警力，昨晚約有一兩百名上訪者被抓往馬家樓（北京專門收留遣送外地上訪者中心）。

兩則新聞，剛好是「羽毛筆的自由」在現實社會中受到截然相反對待的最鮮活的實例，更像是昨天講座留下的一道課後思考題：人民的表達權為什麼必須得到保障？帶著這道思考題，我匆匆走出家門。

沙城的夏日清晨較為涼爽，微風吹拂著城市上空，很平靜的星期三早晨。我走到戴維斯加大醫療中心前的停車場，準備搭乘校際鐘點巴士。剛到候車點，眼看著一輛巴士剛剛疾塵而去，有點懊惱，下一班要等上一個小時了，無奈只好留在月台上等候。應該提早幾分鐘來的，我心裏正懊悔著，不遠處的喧鬧沸騰聲傳入我的耳畔。順聲望去，兩百米開外的草坪上，聚集著人聲鼎沸、正高呼口號的一大群人，眾多手臂向天空揮舞，許多人手上舉著一塊木牌，上面寫著大號字體「加大服務工人正在罷工」。

這不正是我今早在報上看到的新聞嗎？我的好奇心陡起，乘等候車的時間，走上前去瞧瞧。

眼前約莫有不到兩百人在聚集，男女老少、各種膚色都有。其中四、五十人左右在沿著路邊做約五十米左右的來回循環遊行，想必是大家輪流接替著遊行，遊行的人群跟著一位手持麥克風的黑人女士高喊著口號。草坪上有個很大的音響，播放著動感的音樂。其他人在草坪上或站著，或坐著，或聊天，或隨著音樂的節拍搖擺身

體。草坪上還有幾張長桌，上面擺著簽名冊，以及筆、食物、礦泉水等物，不遠處另有三個流動廁所。

我走到一塊醒目的沿街擺放的立地屏風面前，只見到上面寫著此次罷工的起因和概況，落款者是美國州、縣、市雇員聯合會本地3299工會，也就是代表校工的罷工組織者。

美國州、縣、市雇員聯合會的英文首字母簡稱就是 AFSCME，正是那位黑人女士的體恤衫上印著的字樣，顯然她是工會人士，罷工領導者。只見黑人女士對著麥克風大聲面朝人群喊道：「我的朋友們，我們再也忍受不了不合理、不公正的待遇。」「Yes！」眾人齊聲高呼。有人鼓掌，有人歡呼，「是的」之聲形成聲浪，朝四周席捲而去。那聲浪震天動地，一浪推動一浪，似乎無法停息下來。

「我們要什麼？」黑人女士大聲問。

「公義！」眾人高喊著回答。

「我們還要什麼？」「合約！」「我們什麼時候要？」、「現在！」；「團結是什麼？」、「力量！」；「Go away？」（走開？）、「No way！」（沒門！）；「No Justice.」（沒有公義）、「No Peace.」（沒有平安）

遊行的口號聲響徹大地，直入雲霄。這期間，路過的車輛不時有人按喇叭長鳴表示聲援，也有人從車窗內伸出「V」的手勢表示支持。

一位較胖的捲髮白人中年婦女離開遊行隊伍到一旁站著休息，一個小男孩拿著一瓶礦泉水跑過去遞給她喝，看起來是她的兒子。

我走上前去搭訕，「你兒子看起來很聰明。」這是我對捲髮媽媽的第一句問候。

「謝謝，這是我的二兒子，叫布萊恩，他還有一個哥哥，一個妹妹。你有孩子嗎？」捲髮媽媽看來對我的問候挺高興。

「哦，還沒有。您罷工提出來的要求是什麼？」看到捲髮媽媽願意和我交談，我接著問。

「主要是增加薪水，還有其他的福利待遇。另外要求簽訂一份新合同，長期的。」捲髮媽媽用肯定的語氣回答。

「能告訴我您現在從事的工作嗎？薪酬有多少？」我小心翼翼地探詢。在美國，薪酬是個人的重要隱私權，但願她不要認為我不夠禮貌。

「我要清潔病人房間、洗手間、樓道和其他地方，在清潔過程中還會接觸血液和其他醫療廢物，可時薪只有十六元，這真的不夠，外面這種工作能拿到三十五元。你知道，我和丈夫要養活三個孩子。」提到孩子，捲髮媽媽顯露出愁悶的表情。

「的確不容易，您覺得校方會答應你們的要求嗎？」我看了一眼她的兒子，有著明亮的大眼睛，很健康可愛的小男孩。

「我覺得我們的要求是合理的，你知道工會有經驗，工會會幫我們據理力爭。如果校方真的處罰罷工者，我們也不會屈服，一定抗爭到底，舊金山的工友們已準備罷工兩個星期甚至更久，直到爭取到較合理的薪金合約為止。而且，整個加大的校工加起來有上萬人，我們團結，力量就大。」捲髮媽媽一臉自信從容的神態。

「您說的沒錯，只要堅持講道理，總會有個說法的。祝您好運。」車子快來了，我得趕緊提早去等車。

我向捲髮媽媽和健康可愛的小男孩揮揮手道別，身後，黑人女士帶領人群發出的嘹亮口號聲響徹雲霄：「沒有公義，沒有平安。」

車上隨想

我坐上車子，腦海中回味著剛才親眼看到聽到的場景，心中思索著那道課後思考題：人民的表達權為什麼必須得到保障？

在黑人女士的講話聲中，在罷工人群的口號聲中，在捲髮媽媽的滿面愁容和小男孩清澈明亮的眼睛裏，我知道了答案。

可是，這樣的和平集會場景，在我日夜牽掛著的北京城裏卻是緣慳一面，甚至在萌芽之際就早被當作病毒給清除掉了。為了藉奧運之機展現崛起大國的盛世和諧景象，為了實現所謂的「平安奧運」目標，全副武裝的國家機器正高效地隆隆開動，把那些不同的聲音當作惡意攪擾無情地碾過，將全國各地來到首都求助的同胞們阻隔在自由的陽光之外。以「平安」的名義，叫他們有理無處講，有冤無處伸。

然而，沒有公義的制度，沒有人性的權利，沒有人的自由，什麼樣的鐵腕政策都支撐不起一個文明的國家，一個平安的社會。這樣的文明最終會枯萎，如此營造的平安，其表象底下必定醞釀著社會動蕩的危機。因為啊，正如罷工領導人黑人女士率領眾人所高呼的口號——沒有公義，沒有平安！

有這種想法的可不是什麼不懷好意的國際敵對勢力，而是兩百多年前就寫文章論述「羽毛筆的自由」的德國哲學家康得，還有今天這些普普通通的、希望孩子們健康成長的加州大學和平集會校工們。

正這樣漫想著，車已經到站了，我拎起背包提著沉重的腳步下了車。擡頭看到，一隻鴿子舒展著雙翼掠過天空，惹眼的是身上灑滿陽光的潔白羽毛。

我羞愧，讓您帶著遺憾離去

巴老離我們而去了，這位高齡老人晚年在病榻上被病痛折磨多年。今天，終於解脫了。

在這個秋日的夜晚，這位五四新文化時代的最後一位歷史人物，佝僂著背，用他那瘦削的肩膀，扛著民族的良知和苦難，走向天國。

在報上看到這則消息，幾天來心情一直無法釋懷，就像十年前讀巴金的《寒夜》時那樣。這位「人類苦難的歌人」將抗戰後期大後方小人物的悲慘命運呈現在年少的我面前，當時的我一連幾天沉浸其中、為之淚下，讀完後感到精疲力竭又激情無比，向數位朋友推薦這本書。今天，報上沒有告訴我巴金於最後時刻在想些什麼，可是我知道我是知道的，他在彌留之際念之思之的，是他呼籲多年的心願──建立文革博物館。

巴金在「文化大革命」中受盡迫害和折磨，可是，「文革」結束後，他首先不是以一個受難者的身份去控訴、去伸冤，而是先反省自己，對自己過去助紂為虐的作品和言行做真誠的懺悔，進而從自身的切身經歷出發來反思「文革」的悲劇。

自 1978 年底，巴金用近八年的時間寫出一百五十篇四十多萬字的「講真話的書」──《隨想錄》五集，用血和淚向世人發出警告──「絕不讓我們國家再發生一次『文革』，因為第二次的災難，就會使我們民族徹底毀滅」。（《「文革」博物館》1986 年 6 月 15 日）

寫「激流」、「愛情」三部曲時的巴金曾經是一個最熱情的青年，而此時寫《隨想錄》的巴金成了一個最痛苦的老人。他從自己開始去總結這場民族的浩劫，老人雙手哆嗦著用顫抖的筆回憶「文革」中不堪回首的歷歷目目：「我絕不是在這裏危言聳聽，二十年前的往事仍然清清楚楚地出現在我的眼前。那無數難熬難忘的日子，各種各樣對同胞的傷天害理的侮辱和折磨，是非顛倒、黑白混淆、忠奸不分、真偽難辨的大混亂，還有那些搞不完的冤案，算不清的恩仇！難道我們應該把它們完全忘記，不讓人再提它們，以便二十年後又發動一次「文革」拿它當做新生事物來大鬧中華？！」（《「文革」博物館》1986 年 6 月 15 日）

他用悲痛欲絕的語調述說：「並不是我不願意忘記，是血淋淋的魔影牢牢地揪住我不讓我忘記。我完全給解除了武裝，災難怎樣降臨，悲劇怎樣發生，我怎樣扮演自己憎恨的角色，一步一步走向深淵，這一切就像是昨天的事，我不曾滅亡，卻幾乎被折磨成一個廢物，多少發光的才華在我眼前毀滅，多少親愛的生命在我身邊死亡。」（《「文革」博物館》1986 年 6 月 15 日）

有這些令人揪心的文字在，那些試圖一筆勾銷「文革」、試圖讓後人忘記「文革」的人總會少一些自在。我相信。

為了避免歷史的悲劇重演，重建人的尊嚴和人的精神解放，巴金一再呼籲建立文革博物館。巴金說：「拿我們來說，二十年之後痛定思痛，總得嚴肅地對待這個問題，嚴肅地對待自己，想想究竟我們自己犯了些什麼錯誤。大家都應當來一個總結。最好建立一個『博物館』，一個『文革博物館』。我終於把在心裏藏了十年的話說出來了。」「那些謊言，那些騙局，那些血淋淋的慘劇，那些傷心斷腸的悲劇，那些勾心鬥角的醜劇，那些殘酷無情的鬥爭……為了

那可怕的十年，我們也應該對中華民族子孫後代有一個交代。」
（《紀念》1986 年 4 月 1 日）

「建立『文革』博物館，這不是某一個人的事情，我們誰都有責任讓子子孫孫、世世代代牢記十年慘痛的教訓。『不讓歷史重演』，不應當只是一句空話。要使大家看得明明白白，記得清清楚楚，最好是建立一座『文革』博物館，用具體的、實在的東西，用驚心動魄的真實情景，說明二十年前在中國這塊土地上，究竟發生了什麼事情？！讓大家看看它的全部過程，想想個人在十年間的所作所為，脫下面具，掏出良心，弄清自己的本來面目，償還過去的大小欠債。沒有私心才不怕受騙上當，敢說真話就不會輕信謊言。只有牢牢記住『文革』的人才能制止歷史的重演，阻止『文革』的再來。建立『文革』博物館是一件非常必要的事，惟有不忘『過去』，才能做『未來』的主人。」（《「文革」博物館》1986 年 6 月 15 日）

「只有承認每個公民的權利，才能理直氣壯地保衛自己。沒有人願意在我們國家裏再發生一次『文化大革命』，那麼讓大家都牢牢記住那十年中間出現的大小事情。最好的辦法我看只有一個：創辦『文革』博物館」。（《二十年前》1986 年 6 月 19 日）

我在這裏不厭其煩地大段回憶巴金的話，是因為在老人寫下這些文字的近二十年來，中國這塊土地上依然有「文革」的參亂者毫無愧色、「文革」中興風作浪的手法沿用至今、樣板戲被奉為紅色經典、「文革」式的慘劇和悲劇還是經常在我們日常生活的周圍發生。

提舊事無疑是痛的，而記住歷史，是為了避免迎來「更深的痛」。我們應該以勇氣，來面對民族的傷痕。台灣作家柏楊說過：「忘記罪惡，尤其是忘記政府政黨之類的集體罪惡，罪惡一定會再來，

再來到自己身上，或後人的身上。我們必須保持對集體罪惡的記憶。」

然而巴金的呼籲至今已近二十年，這位地位顯赫的文壇巨匠的呼籲沒有得到從中央到地方官方的回應，甚至被淡化。最近在廣東有民間人士嘗試辦「文革」博物館，但還處於開始階段。我在我們大學圖書館裏查閱《講真話的書》（四川文藝出版社1990年9月第一版）時發現，《「文革」博物館》這篇文章就給刪去了。

這些年來不要說建立「文革」博物館，甚至連談論「文革」都在迴避，「文革」的研究成了禁忌，一些「文革」研究學者所創作的文革研究學術書籍只能在中國大陸以外的地區出版，現代漢語詞典和辭海中找不到諸如「武鬥」、「牛棚」、「支左」之類的文革詞彙。「文革」後出生的年輕一代，對文革幾乎是陌生的，要麼是不瞭解那段歷史，要麼是覺得不可思議。

與我們有著相似經歷的前蘇聯，在「古拉格群島」的一個核心地盤──白海中靠近北極圈的索洛維茨基群島，建立了歷史博物館，陳列恐怖監獄的歷史和文物，諸如瞭望塔、鐵絲網、牢獄等。1992年索洛維茨基群島被列為世界自然與文化遺產。台灣昔日關押政治犯的綠島，於1998年12月建立了「人權紀念碑」，並建立「獄政博物館」。而我們在國民經濟瀕臨崩潰邊緣的1977年斥巨資為「文革」的罪魁禍首建了紀念堂，卻沒有在國力大增的上個世紀末或本世紀初為千千萬萬在「文革」中被冤殺、遭凌辱、受折磨的中國人建一座「文革」博物館。

經受「古拉格」勞改營八年牢獄之災的前蘇聯作家索忍尼辛、經受綠島十年牢獄之災的台灣作家柏楊分別都在古稀之年看到了索洛維茨基群島歷史博物館、綠島獄政博物館，而巴金在有生之年沒有看到「文革」博物館的落成。今天我們讓被譽為「民族的良心」

的老人帶著未了心願離去，這是民族的悲哀，也是巴金的遺憾，我在這民族的悲哀和巴金的遺憾面前，感到羞愧難當。因為巴金說過：「建立『文革』博物館，每個中國人都有責任。」

什麼時候巴金先生的平生心願能夠成為活生生的現實，才是我們對巴金先生的最好告慰。我期待那一天。

（寫於 2005 年 10 月 26 日，巴金逝世後第九天。）

註：巴金，（1904 年－2005 年），原名李堯棠，字芾甘，中國四川成都人，祖籍浙江嘉興。現代文學家、出版家、翻譯家，同時也被譽為是「五四」新文化運動以來最有影響的作家之一。

一場遲到的審判

　　這是一場遲到的審判，這是一筆未償的血債，這是一段應當受到清算的罪惡歷史。

　　2009 年 2 月 18 日，一場國際性的法庭審判將世人的目光引向一個南亞小國。這是由聯合國與柬埔寨共同組建的柬埔寨法院特別法庭進行的首次開庭，地點在柬埔寨首都，金邊。

　　當天的庭審，拉開了對紅色高棉（簡稱紅高棉，又稱赤柬，1950年成立時名為柬埔寨共產黨，1970 年改名為柬埔寨民主黨）政權及其高級領導人進行法律審判的序幕。這天，坐在被告席上的第一批被告人是五個年衰歲暮的老人，此五人以前的身份職位曾讓柬埔寨民眾心驚膽寒，他們均是前紅高棉的高級領導人：

　　康克由，紅高棉金邊 S-21 集中營指揮官，67 歲；
　　農謝，紅高棉二號人物、中央委員會副書記，83 歲；
　　英沙里，紅高棉三號人物、政府副總理及外長，84 歲；
　　英蒂迪，英沙里之妻、紅高棉政府社會事務部長，77 歲；
　　喬森潘，紅高棉五號人物、民主柬埔寨政府總理，78 歲。

　　這五名昔日不可一世的「大人物」從即日起，將接受特別法庭對他們的審判，被控罪名是：種族滅絕罪、戰爭罪、危害人類罪、酷刑和謀殺罪。消息傳出，柬埔寨國內和國際上億萬顆渴求正義的心靈終於有了一絲安慰，儘管五被告犯下的罪行、及紅高棉的歷史已經過去了整整三十個年頭。

209

　　這場審判在國內外某些勢力的阻撓下確實來得有些遲了，可它畢竟還是來了。這場遲到的審判使我想起了電影《黑金》中，女記者吳辰君寫給反黑警探劉德華的小紙條上的一句話──正義通常遲到，但早晚會到。

　　對於柬埔寨民眾來說，「紅色高棉」這四個字代表著這個國家一段特殊的恐怖歷史。罪行，應該被清算，而不是被掩蓋。罪惡的歷史，應該被記憶，而不是被遺忘。暴政統治者是不知道懺悔為何物的，他們需要法庭和受難者幫助他們恢復記憶。這似乎是一個鐵律，不信你看：

　　1998 年，當紅高棉頭號領導人波爾布特被捕後，美國記者泰耶問他數百萬柬埔寨民眾被殺害的事情時，這個「歷史上最大的惡魔之一」（西哈努克語）瞪大了眼睛說：「你可以看著我的眼睛，我是一個野蠻人嗎？一直到現在，我的心都是清白的。」

　　紅高棉前總參謀長切春在回答外國記者時聲稱：「我不承認我是一個大劊子手。我們的確也殺了一些人，但他們都是壞人。哪個政權不鎮壓它的敵人？」

　　隨後陸續被捕的紅高棉領導人英沙里、農謝等人，也都堅稱自己對大屠殺「毫不知情，沒有責任」。

　　人類文明不能容忍大屠殺的歷史像蛛絲一樣被抹去，不能容忍大屠殺的罪行逍遙法外，更不能容忍曾經罪惡的一幕捲土重來。今天早晨，我想起了在盧旺達大屠殺紀念館裏，有這麼一句話：「我們不願想起，但我們更不能忘記。」如今回首三十年前的那段歷史，依然令人恐懼顫慄，可是對於後人來說，回憶罪惡，就是對那段罪惡歷史的清算，同時，用歷史警示現在和未來──

　　1975 年 4 月 17 日，紅高棉部隊攻入金邊，扳倒了當時柬埔寨的朗諾政府。這一天，開啟了紅高棉所宣告的「元年」，卻是柬埔寨民眾一段長年噩夢的開始。

　　紅高棉以戰備為藉口，逼迫城裏的居民全部遣散出城。荷槍實彈的軍人站滿了金邊街頭，市民成群結隊被驅趕到鄉村強制服苦役。人群在槍口的威逼下，不知所措地低著頭趕路，身後是再也回不去的昔日的家。數日之內，金邊這座當時有著兩百萬人口的南亞繁華都市，成了一座死寂的空城，街上一片狼藉，城市的上空彌漫著人們不明白的恐怖氣氛。

　　紅高棉就這樣憑著槍桿子，從叢林竄據到城市，堂而皇之地開始了該黨的執政時代，其血腥荒謬的統治延續了長達四年（1975-1979 年，如此的統治對國民來說一天都嫌過長！），還更改了國名，名曰「民主柬埔寨」。為了建造所謂「社會主義的天堂」，它試圖逐步將柬埔寨「改造」為不分任何階級的社會，同時實行非常恐怖統治：

　　它宣佈消滅私有制，消滅了工業，取消了貨幣和商品買賣。

　　它後來乾脆解體了家庭，按軍事編制分為男、女勞動隊，實行強制勞動。

　　它強令民眾穿著齊一色的黑色革命裝或軍裝，強令民眾吃住在公社和集體宿舍，就連夫妻的相聚也須獲得組織批准。

　　它的管制，強令使大部分柬埔寨民眾每天均在饑餓、或半饑餓狀態下長時間苦役勞動。

　　餓死人的事每日都在發生，瘟疫不時蔓延，因為營養不良、超強度的體力勞動和疾病得不到醫治而死去的人，像螻蟻一樣不計其數。他們被拖到野外草草埋掉，再不乾脆就將成堆的屍體棄置田間地頭。無數普通的柬埔寨人死於新政權「偉大理想」的實踐當中，好一個所謂「人民當家作主」的「民主柬埔寨」！

　　史達林說過：「死掉一個人我們會悲痛，而死掉成千上萬的人我們只有一個抽象資料。」在極權獨裁者「宏偉藍圖」的設計中，文藝復興以來尊重人的生命、肯定人的尊嚴的普世價值觀在他們眼裏變得一錢不值。在殺人方面，以波爾布特、康克由、農謝之流為頭目的紅高棉政權堪稱這位前蘇聯暴君的好學生。為了要建造一個所謂「最純粹的社會主義社會」，紅高棉的策略是——對黨外民眾，大規模肅反；對黨內同志，進行大清洗。總之紅高棉執政的代名詞就是，大屠殺。

　　初期，肅反對象為原城市居民，特別是與西方有接觸、受西方教育的知識分子，以及為舊政權工作的人；後期，肅反對象逐步擴大到農民、革命時期的各級幹部。作為一個自詡「最純潔的共產主義政黨」，紅高棉對黨組織的純潔性追求近乎偏執，波爾布特喜歡用「細菌」來形容黨內的異己思想——「它們」無處不在，所以黨的眼睛必須時刻睜開。

　　與歷史上所有曾經發生過的大清洗不同，紅高棉內部清洗的對象可以使用「全稱判斷」，也就是針對某個地區黨政組織、軍隊系統的全部成員甚至總人口。譬如 1978 年在對東部大區地方幹部和軍隊系統的一次大清洗中，半年之內十萬多人，哦不，十萬多細菌，被處決。

　　屠殺冠以各種崇高的名義，其中一個，叫做「改造」。紅高棉的目標是，將國民悉數「改造」成「新人」，目的是通過「改造」讓國民獲得「新生」。每位「新人」須重新登記，交代以前的歷史，凡在前政權服務過的人、對新政權不滿者、地富反壞、不願自動離開金邊者，一律格殺勿論。

　　接下來是種族和宗教迫害。會說外語的也是死罪，臉頰上有戴眼鏡痕跡的人也難逃厄運。許多普通百姓被以越南或蘇聯間諜、美

國特務等罪名遭處決，大多數遇難者全家都被趕盡殺絕，連腹中的胎兒、新生嬰兒都要斬草除根，據說是為了免得養虎遺患。

截止 1990 年代，在柬埔寨挖掘出來的死人坑超過兩萬個，坑中找到遺骸一百多萬具。死者的死狀大多極其恐怖：為節省子彈，紅高棉殺人多用棍棒重擊或以斧頭砍殺。因此許多死者的頭蓋骨上，留有被斧頭砍出的裂痕。

1980 年代初，在臭名昭著的金邊 S-21 集中營原址，發掘出了近九千具屍體。如今這個監獄被改成了「紅色高棉罪惡紀念館」。館中除了監獄及各種刑具外，還陳列著死者的骷髏，和死難者臨死前拍下的黑白照片，每件展品都令人毛骨悚然。紀念館還再現了許多的酷刑：像鑽腦、割喉、活摔嬰兒等，其手段之殘忍令人驚駭，匪夷所思。譬如說鑽腦：為了給「英明」的紅高棉領導人進補，監獄特製了鑽腦機，專門取人腦來製造補品，將被處決的思想犯綁在一個椅子上，置於鑽腦機前。在犯人極度的恐懼中，快速旋轉的鑽頭從犯人的後腦鑽入，快速有效地進行活體取腦。

紅色恐怖的狂風咆哮在中南半島上，民眾被虐殺，柬埔寨在哭泣。

浩劫過後，當時的柬埔寨已很難找到一個完整的家庭。在這段鮮血淋漓、冤魂飄零的紅高棉「新政」的四年裏，這個當時只有不到八百萬的南亞小國中，非正常死亡的柬埔寨國民竟占了當時人口的約五分之一。這一數字，如今已得到特別法庭的初步認定。按被殺害的人口占全國人口的比例來計算，這是二十世紀一國政府對國內人民最血腥暴力的殺戮，是執政集團殺人之巔峰。後來英語世界的學者在研究這段歷史時，發現英文中竟然找不到可以表達此種殺戮的詞語，只好發明了一個單字，叫做「自種屠殺」(autogenocide)。

與所有的刑事犯罪相比較，紅高棉這種有組織的政權犯罪超越和摧毀了一切法律規則，也超出了任何一個普通人的心理承受範

圍，實在是罄竹難書、人神共憤！面對這樣大規模的集團犯罪行為，人類文明的聲音在沙啞，人類良知的靈魂在顫抖，人類的知識和理性顯得多麼的滯後和無助！

寫到這裏，就算我並不是一個柬埔寨人，而是一個中國人，我也沒辦法忍得住我的眼淚，和我的悲痛欲絕。我曾看到過 S-21 監獄鑽腦機進行活體取腦的圖片，和館內陳列的一排排頭蓋骨骷髏、一列列死難者臨死前的黑白照片。那些極度恐懼、面部呆滯的相片讓我心驚肉跳、飯食難咽。這些頭髮膚色與中國人十分相近的柬埔寨死難者，讓我想到同一時代自己國家的死難同胞。那個時候，我還是一個不知死亡為何物的嬰孩，不知道鄰國和自己的國家有那麼多的人間慘劇，有那麼多的人血浸透了兩個國家的大地。

人血不是水。如今當世人期盼已久的法律審判終於啟動，其意義已超越柬埔寨國界，它屬於全人類。這讓我們看到人類在踏進新世紀的門檻之後，人權已突破國界，而成為全球化和國際政治的一個主題。人權尤其是生命的價值，終於被看成高於國家、政府、民族和主權──這些昔日宏大唬人的名詞之上了。這是我許久以來一直盼望的事，成了我今年冬春交替時分最大的安慰。

我想起了在二十世紀中期依次啟動的紐倫堡審判和東京審判，它們開創了人類歷史將大規模危害人類和平與集體屠殺罪行進行法律審判的先河。今天我親眼目睹的發生於 21 世紀初的金邊審判，則是對人類尊嚴和生命價值的又一次莊嚴重申，是用法律告慰柬國那些慘死的累累白骨。它以法律的名義、生命的名義和人權的理念，審判並正告世界上所有踐踏文明底線、殺戮群體生命的組織和個人──罪行必將追究，公道必將伸張。前兩場審判均已被搬上銀幕，我期待著日後會出現有心的優秀導演，能運用藝術的鏡頭，再現金邊審判。

　　我慶幸自己是見證人。這場對紅高棉屠夫們的審判既是法律的審判、人心的審判、文明的審判，也是歷史的審判。這場審判喚醒了世人幾乎已經遺忘的血淚和噩夢，但它同時也給了人們渴望已久的正義和希望。這場審判傳載著有關人類社會誓以法治捍衛人權的文明資訊，同時也是這個南亞國家結束噩夢、走向新生的開始。人血浸透的土地啊，你需要文明的撫慰。血流成河的歷史啊，你需要一場審判！

　　剛剛過去的二十世紀的人類歷史血跡斑斑，二十一世紀的世界會是怎樣？也許多一個政治屠殺者被送上審判席，就會少一百個平民無辜者的慘死。

　　這場遲到的審判，也在提醒世人再次深入思考人類的前途和命運，因為人類還遠遠沒有實現讓這個世界更加和平、更加人道的目標。在我們身處的全球化和民主化的二十一世紀的當今世界上，依然遍斥著戰爭、暴政，和數也數不清的人權災難。誰敢說這個世界今後不會再有類似的國家恐怖主義暴行呢？

　　甚至不用說今後吧，現在就有。有血有肉、會痛會哭的生命慘遭國家機器摧殘的事，就在當下，就在我們身邊。

　　今天，我想用金邊審判來安慰他們，我想用柬埔寨的血淚歷史來與他們共悲痛，同哭泣。三十年的日曆像湄公河的流水一樣逝去了，經過歲月變遷，紅高棉政權已成為柬埔寨歷史曾經的一頁。可歷史也時常會被人們遺忘，幸好，有今天這樣一場審判來保存一份歷史證據，讓後人瞭解到人類文明史上曾有過這一道慘痛的疤痕，同時讓歷史告訴未來，悲劇再也不能重演。

　　面對一個國家的劫難在用文字回顧整理、在長歌當哭之後，面對三十年前的暴政和屠殺，作為人類以審判告慰萬千冤魂的見證者，作為同樣有著血腥暴虐歷史的國度的後人，我想說，我們這些

活著的人，在腦海裏記住人類殘暴歷史的時候當咆哮如熊，哀鳴如鴿，然後召喚文明，企盼公義，並且依然要在內心懷揣一份盼望。

　　因為人世間所有該來的審判，就算它會遲到，也是終究會要來的。

伏爾泰的「命」和何家標的「命」

　　伏爾泰，法國十八世紀啟蒙運動的領袖人物，享譽世界的哲學家、文學家和歷史學家。何家標，中國大陸雲南省文山自治州一個普普通通的農民。為什麼我會將他們的名字、他們的「命」聯繫在一起呢？

　　自古以來中國人很看重「命」，把它看成一個人的吉凶禍福、壽夭貴賤等命運，認為是個人對之無可奈何的某種必然性。《論語·顏淵篇》中說：「死生有命，富貴在天。」，主張的是「知命」。《莊子·人間世》中說：「知其不可奈何而安之若命，德之至也」，同樣主張「安命」。雖然中國文化中也有諸如墨子的反對聽任命運的「非命」之類的學說，但從古到今占據中國人頭腦的仍是「知命」、「安命」，即中國人常掛在嘴邊的「命好」、「命苦」、「這就是命」等等。

　　從文化源頭分析完國人眼中的「命」之後，讓我們來看一位普通中國人捲進一樁刑案後的「命運」如何。

　　何家標先生是雲南省文山自治州丘北縣平寨鄉板江村的一個農民。2002 年的 7 月 2 日，何家標白天在小舅子家幫忙幹活，晚上八點左右，他的已有六個月身孕的妻子還沒有回家，他和親戚四處尋找，在自家的花生地裏，發現妻子躺在地上，已經斷氣。

　　7 月 3 日晚，就在何家標沉浸在悲痛之中處理後事時，村領導通知他到嶽父家。到了之後，他看到嶽父家等候著四個穿制服的人，這些人是丘北縣公安局刑警大隊的員警，四人將他帶到平寨鄉派出所。在派出所裏，何家標受到殘暴兇狠、慘無人道的刑訊逼供，

員警李光興將他拷了起來，不停地用拳頭和腳踢他胸口，打得他昏昏沉沉，逼著他承認妻子是他用毒鼠強害死的，何家標抵死不承認。隨後，在丘北縣公安局，何家標感受到了真正的殘酷，員警用鋼管打他的後背，逼他承認是他殺害了妻子。何家標當時硬撐著一直堅持自己沒有殺人。夜深了，幾個員警拿來一部老式電話機，他們將電話線頭綁在何家標的小拇指上，就開始猛搖手柄。電流通過，何家標渾身麻木，他一次次地昏了過去，醒來時發現身上全是冰水。

再後來，更殘酷的折磨是，有員警將何家標的手腳拷起來吊在門上，何家標感到生不如死，但他想就算自己被折磨死了，可家裏人還要替自己背黑鍋，所以在員警讓其在寫好的供詞上簽字時，他硬是咬牙拒絕簽字。7月5日早上，何家標感到意識模糊，又有人拿著供詞來了，當他拒絕按手印時，此人強拉著他的手按了下去。何家標回憶說，他清醒後發現自己已躺在縣看守所裏——這意味著他將被以故意殺人罪受到正式起訴。

2003年11月，一審判決下達，是死刑。聽到死刑，何家標雙腿發軟，此時他才感到生命是那麼珍貴，那夜他整宿未眠，滿腦子想著關於死的種種。通過上訴、發回重審，經歷漫長的牢獄中幾百個日日夜夜的焦灼等待和心理折磨，直到今年四月，一審改判死緩。何家標不服，再次上訴，他不能就這樣不明不白地蒙受冤屈待在陰暗的牢裏。

2005年6月28日，文山自治州中級法院的法官來到看守所，向何家標宣佈「無罪釋放」。何家標聽到判決，滿臉是淚，與死神擦肩而過的他此刻深深體會到生之寶貴。一位法官對他說：「你的命好了！昨晚做了什麼夢沒有？」他拼命搖頭。

聽到這位法官「大人」口中說出的「命好」，又讀到校門口《春城晚報》在05年9月23日的報導——「三年負冤屈，『殺妻死刑

犯』被改判無罪」一文，文章中又講述何先生如何「命好」才得到改判無罪，我實在怒不可遏，恨不得立刻去與那位法官當面論理，撕掉那張垃圾報紙。

又是一個無辜的人被投進監牢、濫施酷刑逼他「認罪」，然後因真兇出現才得以改判，從死刑改判到死緩再改判到無罪，最後宣告他「無罪」，並告訴他沒被槍斃、沒被坐牢的原因是因為「命好」，這樣的比電影情節還要曲折離奇的故事，這些年來我們聽到的已經太多了！這樣的一樁又一樁被披露出來的案件報導因為視覺聽覺疲勞，幾乎已讓讀者不再震驚、公眾不再感到憤怒。此時，這位獲恩重新自由的公民應該配合一下、感激涕零地說上一句「感謝黨和政府」，於是乎各方皆大歡喜恭頌當局光榮正確無比偉大。這樣荒唐的故事應該結束了！

是何家標「命好」才有最後的無罪判決從而重獲自由的嗎？不是！恰恰相反，如果講「命」，他該哀嘆的是「命不好」，奈何生在這樣一個給他帶來屈辱、折磨、悲慘「命運」的國家。對於像何家標這樣的老百姓，只要員警權力沒有制約、只要刑訊逼供沒有限制、只要酷刑暴力沒有禁止──他們只能是死路一條。

同樣的哀嘆在法國啟蒙時代思想家伏爾泰身上也曾有過，不過那是十八世紀的法國。對比法國的專制和英國的自由，伏爾泰曾經感嘆說：「如果我能死後復活，或者說能夠第二次來到地球上，我祈求上帝讓我降生在海峽對岸英國那塊自由的土地上。」也就是說，伏爾泰哀嘆自己「命不好」，沒能生在自由的英國，而是生在專制的法國，他盼望來生在英國降生。

伏爾泰生逢大革命前夕的法國，當時的法國是由教會和封建主把持的黑暗的封建專制社會。伏爾泰孤身一人，挺身向一切邪惡勢力宣戰，他的筆底譏笑怒罵，對腐朽的貴族階級、反動教會的醜惡

面目揭露控訴得淋漓盡致，引起貴族和教士的仇恨，因寫作諷刺攝政王和得罪了貴族，於二十三歲和三十二歲兩度被當局投入巴士底獄。

從巴士底獄獲釋出來，他帶著屈辱離開了巴黎去英國避難，面對英國君主立憲制開明的社會政治空氣，伏爾泰感慨萬分，他通讀了洛克、培根、牛頓和莎士比亞的著作，結識了當時大多數英國思想家，還悉心研究了英國的政體、宗教、商業、唯物哲學、自然科學等，他印象最深的是英國的政治法律制度。英國的民主和個人的自由與法國的專制形成了鮮明的對比——沒有哪一個英國貴族能發布一項密令來匆匆把伏爾泰投入獄中，如果以某種非正當理由而把伏爾泰拘留，那麼一份人身保護令就可以使他立即獲釋。

正是有了這樣的的閱歷，使得伏爾泰在專注於哲學及文學的同時，也騰出很大一部分精力去捍衛公民自由和司法公正。因為受冤的人最懂得合乎人道的制度的可貴。

造成何家標和伏爾泰含冤入獄的不是「命」，而是一個野蠻的、不把人當做「人」的制度和觀念。在這樣的制度下，員警和上層社會可以為所欲為，能夠披上合法的外衣、動用國家的力量，肆意剝奪公民的人權，國家機器淪為壓迫無辜百姓和文化戰士的冤家對頭，然後享受立功受賞或是報復打擊的狂歡盛宴。

伏爾泰終生漂泊異國，用他的筆抨擊法國的黑暗，刺痛得法國政府當局和權貴們又恨他又無可奈何。所幸在伏爾泰故後十一年，法國大革命爆發，法國頒布了闡揚公民權利的著名《人權和公民權宣言》，逐漸建立起保障人權的較合理政治法律制度。而何家標還要繼續在這個給他留下傷疤的國家中生活。如果沒有一套保障公民人權的制度架構，不可避免還會有下一個公民重複何家標的悲慘命運。

　　讓二十一世紀中國公民的權利同樣立於天地之間，讓「何家標們」不再含冤入獄，不再被關在陰暗的監牢裏受盡折磨黯然神傷，這才是一個有希望的國家，這才能真正給這個國家的公民一個「好命」。為此，讓我們致力於建立一套「好制度」，而不再祈求於一個「好命」。

什麼叫做世界級城市

2009年年初的美國，整個國家沉浸在金融危機的陰霾中，人心思變。全世界在看著美國，希望這個頭號經濟大國能早日引領世界走出經濟衰退。美國人在期盼著一場「新政」，及政治領袖承諾的「改變」來臨。美國社會的空氣裏，彌漫著隱隱的焦慮和不安。

就在美國即將「改朝換代」的日子——1月20日的幾天前，美國的最大城市紐約譜寫了一曲動人的「哈德遜河奇蹟」，一個人類航空史上的神話。這件奇蹟，雪中送炭似的，鼓舞了時下在經濟低迷中消沉的美國人民。與此同時，也向世人展現了一個世界級城市面對危難時的卓然風采。

美國東部時間1月15日十五時二十六分，全美航空A320空中客車1549號航班從位於紐約市長島的拉瓜迪亞機場起飛，欲飛往北卡羅萊納州的夏洛特。擔任機長的是美國前空軍戰鬥機飛行員沙林柏格。

當1549號航班起飛後才九十秒、攀升到三千英尺時，突然遭到鳥群撞擊，導致機上兩具引擎均失去動力。沙林柏格即刻呼叫機場塔台控制中心，機場方面指示飛機立即折返，或者飛往最近的新澤西州的泰特伯勒機場作緊急降落。

可是，沙林柏格在瞬間研判眼前的情勢，發現飛機根本無法掉頭折返機場，並且當時的飛行高度和下降速率也無法安全降落到泰特伯勒機場。於是，這位機長果斷決定放棄兩個機場的著陸點，同

時避開紐約市區的人煙稠密街區，冒險改讓飛機緊急降落，向貫穿紐約市的哈得遜河上滑翔。

這是一著險棋。稍具飛行知識的人都知道，這是一項高難度的駕機操作任務。當時機場塔台的工作人員在意識到 1549 號航機的迫降意圖時，在嘈雜的塔台聯繫中均安靜下來，為這架命運未卜的飛機祈禱。

1549 號航機墜河後沒有立即沉入河底，機尾首先接觸水面，其後以機腹接觸水面緩緩滑行，飛機在水面上一邊打轉，一邊順著水流往南漂。最後，飛機在位於曼克頓附近的河上停止滑行，機身保持集體完整得停在河水水面上，飛機上全體成員則站在兩只機翼上等待著救援……

紐約市遂出現難得的「河面上泊空巴」的奇景，頓時成為攝影機、相機、手機的拍攝焦點。我想目擊者都知道，他們親眼看到的，是這座城市的一幕歷史性場景。

站在 1549 號航機機翼上等候救援的機上旅客，和聞訊數分鐘內趕赴現場的救援單位，則構成這座城市另一幕動人的歷史性畫面——

當飛機機身完全停止後，機身開始慢慢下沉，緊急疏散程式立即展開：當時飛機上的旅客都保持鎮定和秩序，讓女士和兒童先離開機艙；隨後飛機上所有人都停留在機翼上、緊急充氣逃生滑梯上安靜地等候救援；機長負責指揮疏散，並且兩次仔細檢查機艙是否仍有乘客，確定所有旅客離開後方才最後一個離開飛機。

紐約市的警方與消防隊於事發後立即出動，消防蛙人在事後五至七分鐘內首先乘直升機到達，並跳入僅攝氏四度的河水中拯救生還者；飛機附近的渡輪也積極參與救援行動，船上的人將救生衣拋

入河中，將生還者拉上渡輪；救援人員將沒有受傷的旅客載至河畔的餐廳安頓，將受傷的旅客送至附近醫院救治。

場景動人，結果更讓人欣慰：由於機長的應對得宜，以及有關單位的高效救援，1549 號航班機上一百五十名旅客和五名機組人員總共一百五十五人全部安全獲救！僅十五人輕微凍傷、擦傷。紐約的這次緊急迫降和救援行動，真是有驚無險。哈得遜河上的救難，將刻在紐約的城市史冊上。它也註定了會傳揚世間，無遠弗屆，因為這是一件「無可複製」的奇蹟。

正如事後第二天紐約市市長彭博發表感言所說：「這是一個英雄的故事，像是電影劇本中的情節。如果電影這麼演，或許觀眾還不相信，因為故事編得太好，好到觀眾不敢相信這是真的——機長迫降技術高超、救援者迅速反應，每一位機上乘客和組員都獲救。這個故事感動了紐約市數百萬市民和全世界無數人。」

市長的講話說出了美國人的心聲。接連幾天有關哈得遜河奇蹟的報導，占據著美國各大媒體的重要版面。紐約州國會參議員舒默、希拉蕊和其他三州的參議員十六日共同提出決議案，讚揚幾十位機組人員、救援人員、渡輪業者和駁船駕駛員。

是的，他們配得這樣的榮耀。滄海橫流，方顯英雄本色。在危難中，這個真實的故事中每一個人的表現，都足以稱得上是英雄，他們英勇而優雅地完成了一件偉大的使命——救助生命。紐約也無愧於一個偉大城市的稱號，她踐行了一個現代城市的首要職能——保障民眾生命權。在這場零死亡的空難面前，紐約市各方對這場事故做出的反應，像是這個城市的重要地標，讓我們清晰地看到一個城市的救援高水準、高效率和救援的道德熱情，也讓我們看到一個國際都市的城市風範和人文風景。

　　上個月，我的一個現為客機飛行員的中學同學在電話裏告訴我，那天美航 1549 號航班迫降接觸水面之後，只要機翼或噴氣發動機有一點對稱不平衡問題，旅客的頭就會像經歷時速一百公里的車禍那樣撞擊前排座位，通常有可能是全機覆沒或者極少數人生還。

　　他的話提醒了我。飛機從空中迫降河面，在水中漂浮肯定難以持久，任何的輕微異動都有可能導致機身平衡喪失，加速飛機傾覆以致於沉沒河底。如此說來，在此非常狀態下，1549 號航班上旅客的秩序和紀律就至為關鍵。

　　事實證明瞭，1549 號航班上旅客們的表現令人嘆服。要知道，當時的飛機在毫無準備的情況下緊急迫降河面，機上旅客們頃刻間死裏逃生，驚魂甫定，生死未卜，眾人在河面上候援時，四周是一片汪洋河水，腳下的飛機是隨時有可能沉沒的。置身這樣的情境，就算是驚慌失措，或者爭先恐後地求生，也是情有可原的。然而在整個救援過程中，飛機上原本素不相識的旅客，卻能在機組工作人員的引導下做到先女士兒童，後成年男子，大家一同有秩序地撤離。正是這份不爭不搶不亂的從容，得以保住了所有人的性命。

　　此次救援成功，還得益於當時哈得遜河上各類公私船隻的主動、及時和有效的提供救援。儘管事出意外，儘管沒有受過專業救援訓練，但這些紛紛趕到 1549 號航機旁邊的大小船隻並沒有慌張忙亂，而是同樣沉穩從容地將機上旅客接續接走。事後，警方及消防隊等專業救援機構對此也予以了肯定。

　　1549 號航班的迫降是出於不可抗力，可在這場突如其來的危難面前，無論政府還是民間，在意外事件中幾乎所有人都做出了最有利於救援的反應，絕非出於偶然。機組人員、消防隊員和員警的忠於職守，旅客們的禮讓弱勢，渡輪駁船的施以援手，都不是偶然

現象。在美國，社會上一貫提倡尊重生命、忠於職守、投身公益、
婦孺優先的價值觀，從家庭裏、學校裏到各種媒體上，對於這些
價值觀均不遺餘力地倡揚。正是這種潛移默化的宣傳，使得這麼
多的人在一場意外事件的生死關頭，不約而同地做出如出一轍的
行為。

　　從意外事件中逃生，光有道德心和責任感也還不夠。1549 號
航班的迫降，旅客們的秩序井然，倉促組成的救援隊伍的迅捷有
序，這要歸功於經常性、制度性的賑災訓練和演習。在美國，所有
高層建築、地震高發區和人口密集城市經常要舉行逃生演習。怎樣
迅速撤離，怎樣使用通道，怎樣施以援助，應該注意什麼，應該避
免什麼，都要反覆強調，反覆演練。這種積習慣成自然的逃生及救
援訓練，曾在「九‧一一」時讓世貿中心大批樓內人員死裏逃生，
也是此次 1549 號航班迫降的成功救援的重要因素。

　　這是紐約市最閃亮的一刻。這些片段總是讓我動容。有時，個
體生命在突發的自然力量面前脆弱得就像一株蘆葦，隨時有可能被
折斷。當一百五十五個個體生命處於危險境地的時刻，這個城市以
有效的救援和質樸的堅韌，奮力拉起他們的手，引領他們走出了絕
望之地。我們經常說美國是一個移民社會，缺乏國家認同意識，缺
乏對集體、對民族的歸屬感。但在「九‧一一」恐怖襲擊事件和此
次 1549 號航班空難後的最初時刻，紐約市的各方人員迅速整合起
來，形成一股合力，以守護挽救生命的名義，播撒希望，迎接重生，
讓人熱淚盈眶。

　　八年前，「九‧一一」事件已經檢驗過紐約市的救援能力和市
民的互助品質，其經歷曾深深打動了全世界人心。此次的 1549 號
迫降航班救援事件則以更加迅捷有序的行動和表現，繼續保持著一
個偉大城市的風采。難怪歷史學家 Vincent J. Cannato 在 06 年 9 月

這樣總結：「比起五年前 911 事件時的樣子，紐約市變的更安全、更繁榮、更具自信。」

近年來，荷裔美籍學者薩斯奇亞‧薩森首創的名詞——「世界級城市」，逐漸為世人熟知。二十一世紀是城市的世紀，進入新世紀之後，全球城市競逐世界級城市的競爭有增無減，特別是發展迅速的一些亞洲城市和南美城市。2008 年 10 月，美國雜誌《對外政策》（Foreign Policy）在哥倫比亞大學社會學系學者和一些組織的研究基礎之上，發表了全球城市的排名。入選的包括世界五大洲的六十個全球城市，紐約排名第一。

紐約的國際化、影響力，固然是重要因素之一。但紐約的人文文化、公共服務水平，應該是更重要的原因。在世界依舊並不太平的二十一世紀，一個世界級城市的重要評核標準應該是救援能力。天災人禍在所難免，但發生後，是否有能力及時救助，是非常重要的。危難狀態，是對一個城市個人生活和公共生活中的品質的一種檢驗。

一個世界級城市的光環不但表現在，它平常的時候外表迷人，更表現在當它遇到危難時，能夠將它的人文精神、尊重生命的理念演繹出來。就像 2009 年的 1 月 15 日，紐約市上演的這場哈得遜河奇蹟，每一個細節都是如此的美好。它折射出一個城市的靈魂，更讓我們懂得，什麼叫做世界級城市。

跋：星光與少年

這本書需要一個長跋。

如果說書的出版相當於一個寫作者結束了一趟文字的長途跋涉的話，那麼到了旅途目的地，是該好好訴說一番。

收入本書的大多是我最近三年來陸續寫下的散文、文學評論、散文詩和思想性隨筆等文學類作品。這些作品大多已發表於各地的文學刊物，它們是台灣《文訊》雜誌、《海外宣教》雙月刊、《新紀元》周刊、香港《作家月刊》、《蘋果日報》、美國《今天》雜誌、《蔚藍色》季刊、《飛揚》雙月刊、《世界周刊》和北京《中國經濟時報》等媒體，在此我要對曾與我聯絡、交流的編輯們的審閱及編輯工作表示感謝。他（她）們對作品的一些增刪修改建議也令我受益匪淺，我和有些編輯還因此成了文友，這讓我感到自己在文字耕耘的道路上，並不是孤軍奮戰。

這三年來，我開始了一種全新的生活，除了出門講課以外，大部分時間我獨守書房伏案寫作或是閱讀。好些年前當我看清奴隸王國的實質時，就曾幻想並策劃過遠離體制去過「小隱入丘樊」的生活。但我終是未能抵達我的首陽山。無論是在社會上工作還是進學校讀學位，我都難以避免與體制的糾葛，我唯一能做的就是與體制盡量保持若即若離。因此在這遠離體制的三年裏，我是如此珍惜自己擁有的一個寫作者的自由空間。我將古羅馬詩人賀拉斯的名言「抓住那似水流年，抓住，抓住！」抄寫在書桌上方，以此督促自己每日不懈怠。每天早餐過後，我幾乎就立刻撲到書桌上工作，我

的身體內部好似有一股源源不斷的能量在湧動，催促著我不停去寫。這三年遂成了我寫作生涯迄今創作能力最強、創作成果最豐的生命階段，我渴望通過寫作創造另一個強大的自我，以期戰勝舊有的我內心的那份軟弱。

這本文集與另外兩本書可以說是我近三年來文學工作的一個收獲，其中包含著青春的激情和痛苦，生活的漂泊和憂憤，以及我對這個現實世界的複雜體驗。更重要的是，它包含了我對愛、對自由、對生命的最深的摯愛與情愫，我將這三樣東西看成是人生最重要的組成部分，類似於神學裏的三位一體。當我不斷地發表文字作品的時候，我越來越發現我的靈感和創作起點源於很久以前的少年時代，那時候的我對人生總是感到困惑，對世界充滿了懷疑。雖然我早已長大成年，之後流離奔波歷經生活的艱辛阻挫，但當年的困惑至今仍在，或將永遠持續下去。倘若將我的人生比喻成在大霧中穿行的話，我願意將這本書看成是清晨的一滴露珠，雖然它遲早會被太陽曬乾，或被風吹乾，但其中所包含的卻是一股少年時代的熱情和清純。遺憾的是，就像每一只蝴蝶再也回不了最初的蛹，我也再回不了青春年少，那個我至今憶起恍如昨日的少年歲月。

與絕大多數同齡人一樣，我的整個童年少年時代是在一個以培養順民、塑造奴性為宗旨的教育體制下苟延殘喘。不知自何時起，從課本裏領袖的語錄講話、到現實中大人的訓導教術讓我逐漸產生反感，以致對以意識形態和升學考試兩副重擔壓迫我的整個成年世界產生抵觸情緒。一個叛逆的孩子就這樣內心裝滿了苦悶、壓抑甚至怨恨在家庭和學校的邊緣地帶度日如年。我渴望逃離，我經常夢見自己變成了一隻鳥兒，在夢中振翅飛向碧空如洗的天空，但醒來後我重又陷入了迷惘。

　　人生最大的幸事莫過於生命在需要提升的時候，就有一架天梯出現在眼前：1980 年代中期的某一天，我已記不清具體的日子了，我在班主任老師發給全班同學要求大家學習領會「反對資產階級自由化」文件的《人民日報》上，赫然發現有個版面竟然刊登了一篇對一位「資產階級作家」作品的書評，推介美國女作家托妮‧莫里森的小說《所羅門之歌》，講的是一個在白人主流文化縫隙中屢遭歧視和壓迫的黑人青年，因為相信「黑人會飛」的神話繼而遠赴美國南方開始他「靈魂的飛翔」，最終黑人青年找回了自己的文化之源、自我認同和精神歸屬，獲得了人的尊嚴和自由。

　　這個故事成了我青春期的指路明燈。我一遍遍地對自己說：我也會飛，我也要奔赴我的南方，我也要開始我的靈魂的飛翔！就這樣在後來的無數個日子裏，我躲開人群一頭栽進並沉浸於一本本書中，羅曼‧羅蘭、雨果、盧梭、伏爾泰、尼采、狄更斯、屠格涅夫、普魯斯特、傅柯、塞萬提斯、雪萊、彌爾頓、潘恩、歌德、茨威格、哈代、普希金、杜斯妥也夫斯基……一個個在中小學課本裏從未出現過的名字將我圍攏，我在他們建造的文學世界和哲學王國裏流連忘返。這些人類不朽的靈魂回旋在我的天空，引領我的心靈飛升。我用他們熾熱的靈魂、文字和思想將我與堆砌了謊言和欺騙的政治教科書、歷史教科書及語文教科書之間築起了一道高高的圍墻！

　　從此後那些人文經典在我內心深處原本荒蕪的土壤裏根深枝茂，我將這些書的作者們看成是我真正的老師、我精神上的父親。我至今都記得，很多年前在那大雪紛飛的冬日，我一個人待在房間裏捧書閱讀，窗外天寒地凍，我卻因為被書中的世界震撼心魂，而感到渾身熱氣騰騰，心潮澎湃。多年的閱讀生涯使我逐漸養成了做眉批、寫讀後感、摘抄自己喜愛的段落句子的習慣，這使我積累了

厚厚一疊的讀書筆記。如今這些讀書筆記中的一部分，就成了這本書的重要來源。

十幾年後的我，坐在自己的書房裏捧讀，從翻開的書頁裏回望當年的少年人，像捷克小說家赫拉巴爾那樣詢問自己：我是誰？是誰照耀了我的青春和曾經飛翔的夢想？是誰驅走我的烏雲、讓我在人生的道路上征戰不已？我要把無盡的感慕敬獻給那些偉大的心靈。我熱愛那些人類思想史上的燦爛星辰甚於宇宙中的日月星辰。從十年前離開蘇北老家奔赴南方追尋我的理想，我再也沒有回去過那個故鄉小鎮，十年間我看遍了世事紛擾嘗遍了人情冷暖。十年前或更久遠的我，寫不出這本書裏的文字，但是自年少以來直到現在我所閱讀的那些書籍，已經駐留在我的心靈深處，等我飽經了命運的洗禮過後，才與我重又相逢，然後以這本文集的方式，獲得全新的生命。

這本書名采自英國作家托馬斯‧布朗寫過的一段話：「生命是一束純淨的火焰，我們依靠自己內心裏看不見的太陽而生存。」十多年前當我在一本書中讀到時，從此就牢牢地記住了這句話，我曾將它寫在一張賀卡上寄給我一位摯愛的朋友。是的，心靈的陰暗比天上的黑洞更可怕。我們的內心需要擁有太陽般的光輝，我們的生命才能因此發光發熱，也才能去照亮世間的黑暗。基於此，我為本書中的四個輯子分別取名為：第一輯「江海潮音」、第二輯「生命的火焰」、第三輯「精神不死」、第四輯「為愛和公義祈禱」。這四個輯子分別匯聚著各自不同意義的文章，他們的主題無疑已經呼之欲出，那就是──愛和自由和生命的火焰──永遠不死。

當初動筆寫作這些文章時，我並沒有想到它們能集結在台灣出版，我要感謝秀威資訊科技股份有限公司的出版作業。台灣是我少時就心向往之的地方，在寫作上，我與台灣也頗有淵源，我寫過不

少關於台灣的文章，在台灣媒體上發表作品也已有好些年了，就此結識了一些台灣文學界的朋友，今年還榮獲了台灣文學發展基金會和《文訊》雜誌規劃的「五四文學人物徵文」的文學獎項。我在那次獲獎感言中就說過：「我對台灣這塊土地有著很深的精神上的情感，無論是從法統、從『文化中國』的延續傳承，還是作為民主政治最先落實、公民社會最高水準的華人地區來講，台灣都讓我格外愛之惜之。」故此，當這本書以漢語正體字形式在台灣出版的時候，我感到分外欣悅，我要向台灣的讀者們致意，並深深祝福台灣。

我要感謝旅美詩人、作家程寶林先生為這本書撥冗作序，以及他對我文學創作的鼓勵。我要感謝我的太太對我的愛情，以及她的付出和對我始終的支持，容我在此表達我對她的感激之情。

就在我寫這篇跋的時候，我在報紙上讀到一則新聞：長期關注中國愛滋病問題的高耀潔醫生最近在香港出版新書《血災：10000封信》，並於 12 月 1 日「世界愛滋病日」在美國華盛頓出席記者會，呼籲世界正視中國日益嚴重的愛滋病問題。這則新聞讓我非常感動。我很敬重這位中國民間的愛滋病防治專家，我曾寫過一篇〈高耀潔：民族的母親〉的文章發表在香港媒體上，表達我對老人的欽敬之情。這些年來有時我會為中國的社情政情心生沮喪，但是今天，我又看到一種在這個時代早已失落的精神，在這個紛亂的世界上散放光芒，這使我沒有理由為中國悲觀，也沒有理由為人類的未來悲觀。

我知道在這個世界上有許多致力於不讓時代向下沉淪的「高耀潔們」，今年已是八十二歲高齡的她依舊在為生靈的苦難奔走呼號、老驥伏櫪，我今年才三十四歲，更應當重拾年少時的青春激情，去活出生命的價值和意義。我想，有高醫生這樣的耿亮之士在前方吶喊，在承受苦難，我們實在沒有理由蹉跎歲月或是意志消沉，因

233

為我們的生活、我們所從事的工作、我們身處的這個世界，已經被一種不死的愛和公義、不死的精神、不死的火焰所照亮。

每當目睹如此的人性的光芒閃爍世間，就讓我感到此生何其幸運，無論是少時的我，還是現今的我。我就覺得文學和生活全都天地廣麗，我也更有信心在暗夜中期待晨光。今夜我寫下這篇跋文，向那人類耀眼的精神星光致敬，也記錄下我那已隨風飄去的少年歲月。我的心中，唯有謙卑和感恩。

2009 年 12 月 23 日

國家圖書館出版品預行編目

火焰不死——楚寒人文、思想隨筆集 / 楚寒著.
-- 一版. -- 臺北市 ： 秀威資訊科技, 2010.
04
　面 ；　公分. -- (語言文學類 ；PG0352)
BOD 版
ISBN 978-986-221-429-9(平裝)

1. 言論集

078　　　　　　　　　　　99004516

語言文學類　PG0352

火焰不死
──楚寒人文、思想隨筆集

作　　者 / 楚　寒
發 行 人 / 宋政坤
執行編輯 / 林世玲
圖文排版 / 張慧雯
封面設計 / 蕭玉蘋
數位轉譯 / 徐真玉　沈裕閔
圖書銷售 / 林怡君
法律顧問 / 毛國樑　律師
出版印製 / 秀威資訊科技股份有限公司
　　　　　　台北市內湖區瑞光路 583 巷 25 號 1 樓
　　　　　　電話：02-2657-9211　　　傳真：02-2657-9106
　　　　　　E-mail：service@showwe.com.tw
經 銷 商 / 紅螞蟻圖書有限公司
　　　　　　台北市內湖區舊宗路二段 121 巷 28、32 號 4 樓
　　　　　　電話：02-2795-3656　　　傳真：02-2795-4100
　　　　　　http://www.e-redant.com

2010 年 4 月 BOD 一版
定價：250 元

讀　者　回　函　卡

感謝您購買本書，為提升服務品質，煩請填寫以下問卷，收到您的寶貴意見後，我們會仔細收藏記錄並回贈紀念品，謝謝！

1. 您購買的書名：＿＿＿＿＿＿＿＿＿＿＿＿＿＿＿

2. 您從何得知本書的消息？

　　□網路書店　　□部落格　　□資料庫搜尋　　□書訊　　□電子報　　□書店

　　□平面媒體　　□ 朋友推薦　　□網站推薦　　□其他＿＿＿＿＿

3. 您對本書的評價：(請填代號　1.非常滿意 2.滿意 3.尚可 4.再改進)

　　封面設計＿＿　版面編排＿＿　內容＿＿　文/譯筆＿＿　價格＿＿

4. 讀完書後您覺得：

　　□很有收獲　　□有收獲　　□收獲不多　　□沒收獲

5. 您會推薦本書給朋友嗎？

　　□會　□不會，為什麼？＿＿＿＿＿＿＿＿＿＿＿＿＿＿＿＿

6. 其他寶貴的意見：＿＿＿＿＿＿＿＿＿＿＿＿＿＿＿＿

　　＿＿＿＿＿＿＿＿＿＿＿＿＿＿＿＿＿＿＿＿＿＿＿＿

　　＿＿＿＿＿＿＿＿＿＿＿＿＿＿＿＿＿＿＿＿＿＿＿＿

　　＿＿＿＿＿＿＿＿＿＿＿＿＿＿＿＿＿＿＿＿＿＿＿＿

讀者基本資料

姓名：＿＿＿＿＿＿＿＿＿　年齡：＿＿＿　性別：□女 □男

聯絡電話：＿＿＿＿＿＿＿　E-mail：＿＿＿＿＿＿＿＿

地址：＿＿＿＿＿＿＿＿＿＿＿＿＿＿＿＿＿＿＿＿＿

學歷：□高中(含)以下　　□高中　　□專科學校　　□大學

　　　□研究所(含)以上 □其他＿＿＿＿＿＿＿

職業：□製造業 □金融業 □資訊業 □軍警 □傳播業 □自由業

　　　□服務業 □公務員 □教職　□學生 □其他＿＿＿＿＿

秀威與 BOD

BOD（Books On Demand）是數位出版的大趨勢，秀威資訊率先運用 POD 數位印刷設備來生產書籍，並提供作者全程數位出版服務，致使書籍產銷零庫存，知識傳承不絕版，目前已開闢以下書系：

一、BOD 學術著作—專業論述的閱讀延伸
二、BOD 個人著作—分享生命的心路歷程
三、BOD 旅遊著作—個人深度旅遊文學創作
四、BOD 大陸學者—大陸專業學者學術出版
五、POD 獨家經銷—數位產製的代發行書籍

BOD 秀威網路書店：www.showwe.com.tw
政府出版品網路書店：www.govbooks.com.tw

永不絕版的故事・自己寫・永不休止的音符・自己唱